龍羽ワタナベ
Ryuha Watanabe

お金も運も
つれてくる

黄金《おうごん》龍《りゅう》の
飼い方・育て方

PHP研究所

はじめに

龍は目に見えない生き物ですが、あなたが空を見上げた時に、雲が龍のような形に見えた、という経験はありませんか？

龍は、そのようにして時折、自らの存在を私たちに示してくれているのです。しかし、多くの人は気づきません。それは、とてももったいないことなのです。龍は、あなた自身が望む人生を歩めるように、気がつけば近くで見守り、応援してくれます。それればかりか、龍にあなたのそばに来てもらい、龍を「飼う」ことができるのです。

私は中国への留学を経て、二〇年以上前に台湾でビジネスをはじめ、現在は複数の会社を経営しています。一方で占い師としても活動し、多くの大富豪や政治家などを鑑定してきました。

華人（本書では広く中国系の人々を指します）の成功者たちは、日頃から占いや風水に親しみ、運を味方につけることを大変重要視しています。

そんな華人にとって、縁起のよいもの、幸運パワーの象徴が「龍」なのです。

現代でもなお、華人の間では生まれ年の干支《えと》が重視され、龍（辰《たつ》）年には出生数が大きく増えるほどです。また、龍は風水的にもきわめて重要な存在です。

運気を上げ、成功やお金など、望むものを手に入れやすくしてくれる龍を飼い育てることを「養龍」といい、その龍を私は「黄金龍《おうごんりゅう》」と呼びます。黄金龍に応援してもらうためには、まず龍のことを知り、黄金龍が応援したくなるような行動や考え方をすることが肝心です。

本書では、私が華人から教えられた龍の性格や習性、そして龍の応援を得る方法、つまり黄金龍の上手な「飼い方・育て方」をお伝えします。

それを実践することにより、あなたは間違いなく黄金龍に好かれるでしょう。そして、黄金龍がいつもあなたのそばにいてくれるようになればこっちのものです。

黄金龍に認められれば、あなたは一人ではありません。黄金龍はあなたとともに成長することを望んでいますので、ぜひ黄金龍と仲良くなって、その力を味方につけ、あなたの人生をより豊かで幸せに満ちたものにしていきましょう。

はじめに

黄金龍に応援してもらうと次のような成功や幸せがやってきます

★エネルギッシュになり、運気が上がる

黄金龍は権力と精力の象徴。その力（パワー）は溢《あふ》れんばかりです。そして、あなたにも当然のこととしてそのパワーを分け与えてくれます。黄金龍のパワーがチャージされることによって、あなたは元気になったり、若々しくなったりします。その結果、考え方が前向きになり、何事にも積極的に取り組むことができ、よい運気をどんどん取り込めるようになるでしょう。

★願いがかなう

いろいろなことが順調に進むようになり、しかもそのスピードが速まります。黄金龍は私たちのお願いや思いを神様に伝えてくれます。同時に、あなたが普段からよい行いをたくさんしていれば、そのことも神様にちゃんと報告してくれます。いわばその「ご褒美《ほうび》」として、神様はあなたの望みを優先的に聞き入れてくださるのです。

★精神的に落ち着く

大切なあなたのことを、黄金龍は絶えずそばで見守ってくれています。そのことにあなたは安らぎを感じ、精神的に落ち着くことでしょう。また、そのような状態でいることによって、冷静に物事を判断できたり、よいアイデアが浮かんだりするようになります。また「第六感」が働くようになり、チャンスは逃さず、危険は避けられるようになります。

★光り輝きはじめる

黄金龍が持っている「宝珠《ほうじゅ》」から光をいただくことができるので、あなたの魂もキラキラしてくるでしょう。あなたの人間性も磨かれ、ピカピカになります。そんな「キラキラ、ピカピカ」な人のまわりには、同じような波動の人が集まりますから、人間関係が心地よいものになります。

★希望通りの人生を送る

黄金龍は時空を超えて移動するので、未来を調整することも可能です。あなたのために未来空間に先回りして、何らかの微調整をしてくれるかもしれません。その結果、突然よい協力者が現れたり、チャンスが舞い込んだりすることでしょう。

★人間の格（レベル）が上がる

黄金龍の仕事は、私たち人間を「いい人」にすることです。そのために、黄金龍は神様の意向をたくさん伝えてくれます。あなたが神様の望むような徳を積むことで、あなたの格は高くなっていきます。

お金も運もつれてくる 黄金龍《おうごんりゅう》の飼い方・育て方

目次

第二章　龍からのメッセージを受け取るには

第三章　黄金龍の飼い方・育て方

第四章　黄金龍が逃げる人、なつく人

第五章 お金の機嫌も龍次第

第六章

黄金龍に一生応援してもらえる人になるために

装　丁――――根本佐知子（梔図案室）
装　画――――杉山巧
本文イラスト――櫻井さなえ
本文写真――――著者提供

第一章

龍はあなたを見守る神の使い

龍と「九」の深いつながり

龍は想像上の生き物で、誰もその姿を見たことがないはずなのに、私たちは「龍」と聞けば、ごく自然にその姿かたちを思い浮かべることができます。

これは、考えてみればとても不思議なことではないでしょうか。

中国では、今から八〇〇〇年ほど前にはすでに龍の存在が認識されていたことが、遺跡の出土品などからわかっています。以来、現代に至るまで、龍は私たち東洋人にとって身近な生き物であり続けています。

これほどの長きにわたって、龍が広く深く人々の生活や意識の中に浸透しているという事実には、もしかしたら龍は実在しているのではないかと思わせるものがあります。あるいは多くの人が、目には見えなくとも、確かにその存在を感じてきたことの表れと言えるかもしれません。

龍は、中国においては歴史的に皇帝の象徴であり、また中国のみならず世界各地で、さまざまな神話や言い伝えの中に登場しています。

日本では九つの頭を持つ「九頭龍《くずりゅう》」の伝説があり、長野県の戸隠《とがくし》神社や神奈川県の箱根《はこね》神社・九頭龍神社などでは、水や縁結びをつかさどる神として九頭龍が祀《まつ》られています。

この伝説からもうかがえる通り、龍は「九」という数字と深いつながりがあります。例えば、「龍に九似《きゅうじ》あり」という言葉があります。

龍の姿かたちの特徴が、「角は鹿《しか》、頭はラクダ、首は蛇、耳は牛、鱗《うろこ》は魚……」という具合に、九つの生き物になぞらえられることを示すものです。そのほか、九匹の龍が描かれた中国画の「九 龍 図《きゅうりゅうず》」や、香港《ホンコン》をはじめ中国各地にある「九龍」という地名など、「九」と龍の組み合わせはよく見られます。

「九」は、中国ではとりわけ好まれる数字です。奇数は「陽」、偶数は「陰」であり、陽の中でも最も大きい九は「天」を表す数とされているのです。そのおめでたい陽の数が重なる旧暦の九月九日には、「重陽《ちょうよう》」の節句としてお祝いしたりします。

さらに、「九」の音が「久」に通じることから、「長久」や「永久」を意味する縁起のよい数字とも言われています。

荒々しい生き物というイメージを持たれがちな龍ですが、実は神様と人間をつないでくれる天の使いであり、幸運や高貴といった「九」のイメージと重ね合わせられる存在なのです。

龍は風水的にも重要な存在

風水は、氣《き》（エネルギー）の流れを利用して、運気を上げるものです。その風水にも、龍は大きく関係しています。

「龍脈《りゅうみゃく》」や「龍穴《りゅうけつ》」という風水用語を耳にしたことはありませんか？「龍脈」とは、よい氣の通り道のこと。「龍穴」は、よい氣が集まっているところのことです。龍穴はいわゆるパワースポットで、そこに住むと繁栄すると言われます。中華圏で風水を整える作業は、まずは専門の風水師による龍脈や龍穴探しからはじまります。

龍脈や龍穴は、その意味からすると「氣脈」「氣穴」と呼ぶほうが正しいはずですが、なぜか「龍」がついています。

つまり、よい氣とは龍のことであり、「氣の通り道＝龍の通り道」「氣の集まる場所

＝龍のいる場所」ということから、これらの名がついたとも考えられます。

香港や上海《シャンハイ》などでは、中心にぽっかりと穴があいている、奇妙な構造の建物を見かけることがあります。これは、龍脈にあたる場所に建物を建てる際、氣の流れを通すためにわざわざ穴をあけているのです。

その様子は、まさに「龍の通り道」そのものです。風水とは氣の流れ、つまり龍に乗ってやってくる、よい運を呼び込むことであると言うこともできるのです。

「龍の通り道」である「龍脈」にあたる場所に建物を建てる際、氣の流れを通すために、わざわざ穴をあけたマンション。香港や上海などで見られる。

龍と水の深い関係

龍はまた、水を制御する力を持っているとも言われます。

水は、人類の生命を維持する上で、なくてはならないものです。不足すれば干ばつにより作物は育たず、多すぎてもまた、川の氾濫《はんらん》が起きて作物に被害を与え、人や家が流される災害にもつながります。

少なすぎても、多すぎても困る水。治水の技術が発達した現代においても、私たちは水の脅威《きょうい》にさらされ、その甚大《じんだい》なパワーを前に無力感を覚えることが多々あります。

大昔の人々であればなおのこと、自然の災害に対しては、祈る以外になすすべはありませんでした。

最も頻繁《ひんぱん》に起こる自然災害である「水」の災《わざわ》いに対して、最も力があると信じられ、かつ敬愛されていた「龍」に人々が祈るようになったのは、ごく自然な成り行きと言えるでしょう。

脅威でもあり、恵みでもある水を支配している尊い存在、それが龍です。水を制御できるほどの力を持つ龍にとっては、私たち人間を成功や幸せに導くことなど朝飯前なのかもしれません。

龍の役目

龍の大切な役目は、神様と私たち人間の橋渡しをすることです。

神様の眷属《けんぞく》（従者）である龍は、時に神様をその背中に乗せて移動します。観音様が龍の上に乗っていらっしゃる図像（騎龍観音《きりゅうかんのん》）などを、目にすることがあると思います。神様はそのように龍の背中に乗って、私たちが暮らす人間界を見て回られるのです。

そして、龍は神様のお使いとして、私たちが学ぶべきことや、世の中のためになすべき使命を教えてくれます。

危険やよくないことについても伝えてくれます。私たちが間違った道に進みそうな時、龍は必死になって止めてくれます。

しかし大変残念なことに、いくら龍がさまざまなことを伝えてくれても、私たちがそれを受け取ろうという意識を持っていなければ、伝わらないのも事実です。龍がこのように親切なのは、私たち人間を救うことを、神様から命じられているからです。

実は、龍は私たち人間と同様、「成長していく」存在です。まだまだこれからさまざまなことを学び、経験して、成長していかなければならないのです。その成長が何によってなされるかと言えば、「いかに人間を救うか」ということにほかなりません。

ですから、私たちが龍に何かとお世話になることは、それ自体龍にとっての学びであり、経験であり、成長なのです。

とはいえ、龍は神様の命令で何人もの人間を担当しているので、案外忙しいのです。それぞれの人間に対しては、できればあまり手を煩《わずら》わせないでほしいと思っているかもしれません。手のかからない子や優秀な子を、かわいく感じることもあるのではないでしょうか。

もしそうだとしても、それを責めるのは気の毒です。龍だって、できるだけたくさんの人間を救いたい。一人でも多くの人間を「いい人」にすることで、神様に認められたいのです。

それによって自分自身の階級（レベル）を上げ、より人格が上の人間を担当することが、龍の世界におけるステータスなのですから。予備校の先生にとって、自分の生徒を偏差値の高い学校により多く合格させることが、自分自身の実績となるようなものです。

そうは言っても、出来の悪い子、世話の焼ける子も、それはそれで気になるものです。放っておけない気持ちにさせられる、と言ってもいいでしょう。

ですから、もしあなたが少しばかり「出来の悪い子」だったとしても大丈夫です。大事なのは、龍のメッセージを受け入れる素直な心を持っているかどうかということです。素直な心さえあれば、どんな人であっても龍はちゃんと面倒をみてくれます。

　また、龍は私たちの気持ちを神様に伝えることも、喜んでやってくれます。お願い事は、龍を介することで、神様に言いやすくなります。

　神様に直接お願いするのは畏《おそ》れ多いことでも、龍が間に入ってくれると気兼ねなくお願いできるのです。秘書を通して政治家に陳情するようなもの、と言えばわかりやすいかもしれません。神様の恩恵をたくさん受けられるようになるためには、まず秘書役の龍と仲良くなっておくことが得策なのです。

龍と天使

龍は西洋のドラゴンと混同されがちですが、両者はむしろ対極と言っていい存在です。

西洋のドラゴンは、人間に災厄をもたらす邪悪な存在と考えられています。キリスト教では悪魔の化身とされ、聖人や英雄などによるドラゴン退治の伝説も数多くあります。

一方、東洋の龍は神の使いであり、敬《うやま》うべき対象です。

西洋において、東洋の龍に対応する存在があるとすれば、それはドラゴンではなく「天使」ではないかと思われます。

龍と天使は、いずれも神様と人間の間を取り持つ存在であるという点で共通しています。また、キリスト教には天使に階級（レベル）があるという考え方がありますが、龍にも同様に階級があることは、すでにお話しした通りです。龍の階級は爪《つめ》の数によって表されており、五本の爪を持つ龍は、中国では皇帝専用の龍とされていました。

そして天使も龍も、「いかに人間を救うか」によって階級を上げていきます。人間を救うことを通じて龍は成長し、やがては人々を導く存在になると考えられています。

神に近いものである龍が、完成された存在ではなく、私たち人間と同じように「成長していく」という考え方は、とても興味深いものです。

龍に応援してもらうには、私たちも「龍と一緒に成長する」という思いを持つことが大切です。

龍の応援によって、私たちが人として成長し、よりよく、幸せに生きていくこと。それが龍にとっての喜びであり、龍の階級を上げることにもつながります。私たちと龍は、互いに助け合う関係にあるのです。

ここまでお話ししてきたように、龍は私たちを救い、幸運をもたらしてくれる存在です。次章からは、華人に伝わる「龍を味方にする方法」の中から、みなさんが気軽に実践できるものをお伝えしていきます。

第二章

龍からのメッセージを受け取るには

台湾式「見えない存在」の声の聞き方

龍が私たちのところに来てくれているとしても、その姿は目に見えません。では、その「声」を聞くにはどうすればいいのでしょうか。

台湾人は、神様やご先祖様など「見えない存在」の声を積極的に聞こうとします。「悩んだ時は神に聞く」。ものごとの解決方法を神様に直接お尋ねすることは、台湾では普通の行為です。

その方法はというと、台湾の寺や廟《びょう》には必ず置いてある「ポエ」という道具を使います。

ポエは赤い三日月の形をした、手のひらに収まる大きさの木片です。これを二つ、平らな面を合わせて両手で包むようにして持ち、尋ねたい相手（普通は祭壇上に鎮座している神様）に向かって、イエスかノーで答えられる質問をします。

続いて、ポエを地面に放り投げます。落ちた二つのポエのひとつが表、もうひとつが裏を向いていれば、「イエス」（あるいは「ＯＫ」）と解釈されます。裏と表は「陰と陽」を示し、「その両方が揃《そろ》う＝バランスが取れている」ことを意味するからです。

イエスかノーでは答えられない質問をする時や、もう少し細かく知りたい時には、寺や廟でおみくじを引きますが、その際にもまずはおみくじの番号が入った棒を引き、その番号でよいかをポエで神様に確認してから、おみくじを受け取ります。

もし、その番号で神様のＯＫが出なければ棒を引き直し、再びポエで確認します。神様のＯＫが出るまでこれを繰り返します。台湾のおみく

台湾の寺や廟の祭壇の前に必ず置いてある「ポエ」。三日月の形をした赤い木片で、手のひらに収まる大きさ。悩みごとの解決方法を、神様に直接お尋ねする時に使う。

じは無料ですが、このように神様のＯＫが必要なので、引くのに手間がかかります。

さらにはおみくじを引くこと自体、ポエでＯＫが出なければその日は引いてはいけないとか、人生に関わる重大事については、ポエで三回連続してＯＫが出なければ進めてはいけないなど、地域や年代によって異なる習慣やルールもあるようです。

「今度の連休に、海外旅行に行ってもいいですか？」

「今の会社を辞めてもいいでしょうか？」

「お母さんの通っている病院を、別のところに変えたほうがいいでしょうか？」

台湾の人たちは、こんなふうに日常的に、ポエで神様にいろいろなことを訊《き》いています。台湾の寺や廟で、祭壇に向かってポエを投げ、真剣に祈っている人の姿を見たことがある方も多いのではないでしょうか。

台湾などの中華圏では、毎年旧暦三月の「清明節《チンミンジエ》」という祝日に、一家揃《そろ》ってご先祖様のお墓参りに行く習慣があります。お墓を掃除してたくさんのお供えをし、墓前でひとしきり飲食をしながら過ごします。

そして、そろそろ引き揚げようかというタイミングで、またもポエの出番です。
「おじいさん、おばあさん、私たちはおいとましてもよろしいでしょうか？」
という具合に、あの世のご先祖様に尋ねるのです。ここでＯＫが出なければ、またしばらく歓談などして過ごし、再びポエです。なぜか全然ＯＫが出ず、なかなか帰れない、などということもあるそうです。

龍の「声」を聞く方法として、このポエを活用してもいいかもしれません。本物のポエがなくても、コインなどを使って行うことができます。台湾の人たちも、手元にポエがない時はコインで代用することもあります。

気になることがあったら、ポエで龍に語りかけてみてはいかがでしょうか。あなたの選ぶべきものを示す答えを受け取れるかもしれません。

龍からのメッセージを聞く

龍は神様のお使いとして、神様の言葉を私たちに伝えてくれます。もちろん、龍自身も私たちにアドバイスをしてくれます。

龍からのメッセージは、あなたが自分の夢をかなえるための方法や、選ぶべき道など、成功や幸せに向かって進むための指針となるものです。

しかし残念なことに、龍が伝えてくれるせっかくのメッセージを、私たちは聞き逃してしまいがちです。実は、龍はわりと頻繁《ひんぱん》に耳元で囁《ささや》いてくれたり、夢で教えてくれたりしているのですが、なかなかそれと気づきにくいのです。

「意味のある偶然の一致」と言われるシンクロニシティを通して、龍がメッセージを伝えてくることもあります。しかし、これも本人に読み解く力がなければ、単なる「意味のない偶然の一致」で終わってしまいます。

多くの人は、せっかくの龍からのメッセージをキャッチできていないのが現実です。その大きな理由は、私たち現代人の感覚があまりにも鈍くなっているからです。日々の煩雑《はんざつ》なことに追われ、気持ちに余裕がなければ、現実世界の周囲の人たちの声すら耳に入らなくなりがちです。龍の声ともなればなおさらです。

私も忙しさに追われ、龍からのメッセージと思われる声を聞き逃してしまったことがあります。

その日、私は夜からのパーティに出席するため、大急ぎで準備をしていました。時間ギリギリまで会社で仕事をしていたので、自宅に戻るや仕事のスーツからドレスに着替え、メイクを直し、華やかなアクセサリーをつけ……と、バタバタしながら身支度を整えました。

そして出かける寸前に靴箱を開け、かなり踵《かかと》の高いハイヒールを選ぼうとした時のことです。

「しんどいヨ！」という声が、一瞬聞こえたような気がしました。しかし私はそれを聞き流してしまいました。パーティ会場との往復にはタクシーを使い、ほとんど立って歩き回ることはないため、ヒールの高い靴でも問題はないだろうと思ったからです。実際、パーティは着席スタイルだったこともあり、ヒールの高さを気にすることもなく終わりました。

ところが、帰宅する段になって思いがけない事態に見舞われました。会場からタクシーに乗ろうとしましたが、一台も見当たらないのです。配車を依頼するのも難しそうだったので、仕方なく車が見つかりそうな場所まで歩くことにしました。

歩き出してすぐに気づきました。出がけに靴を選ぶ時に聞こえた「しんどいヨ！」という声の意味はこれだったのだと。しかし、時すでに遅しです。

この一件は幸いにして、靴選びというささいな問題でしたが、私たちの人生の大事な決定の場において、このような選択ミスは避けたいところです。

ましてや、せっかく忠告する声が聞こえていたのに、それを無視した結果、選択を誤ることになったとしたら、後悔してもしきれません。大切なメッセージを聞き逃さず、それを慎重に受け止める心の余裕を持っておきたいものです。

メッセージの聞き方

龍からのメッセージの伝達法には、主に「声による囁き」と「シンクロニシティ」があります。私たちの状況などに応じて、龍は何とかして伝えようと必死に頑張ってくれています。

まずは龍の「声による囁き」について考えてみましょう。前項で私が聞いた「しんどいヨ！」という声は、まさにこれです。「虫の知らせ」という言葉もあるように、本来、多くの方がこの声を聞いた経験があるはずです。

ラジオ局は絶えず電波に乗せて何らかの放送をしていますが、それを受信する機械、つまりラジオを持っていなければ、その放送を聞くことはできません。ラジオがあってもスイッチをオンにしなければ、やはり聞くことはできません。

これと同じことが、龍と私たちの間でも起こっているのです。龍がせっかくメッセージを送ってくれていても、私たちのアンテナが立っていなかったり、受信機がオフになっていると、何も聞こえないのです。

アンテナが立っていなかったり、受信機がオフになっている最大の理由は、私たちが大人になってしまったからです。余計なことを考えない子どもの頃は、心で感知した声を素直に受け取ることができます。ところが大人になると、心で感じたことよりも頭で考えたことを優先してしまいがちです。

小さな子どもが、独りごとのようにおしゃべりしている姿を見ることがあります。あれはもしかしたら、龍とおしゃべりを楽しんでいるのかもしれません。

また、心身によくない影響を及ぼす可能性のある化学製品に多く触れていたり、ストレスが多すぎたり、邪気を多く背負っていたりすることも、龍のメッセージが聞こえない要因となります。

とはいえ、受信機そのものは誰にでも備わっているので、絶対にメッセージを受け取れるようになります。そもそも、自分では意識していないだけで受け取っているものなのです。あなたに備わっている受信機の周波数を、龍の声に合わせることを意識すればいいのです。

アイデアや言葉が、何かの折に「ふと浮かぶ」ということがありませんか？　自分で考え出したというのとは少し違って、文字通り浮かんでくる。あるいは、「突然降ってくる」こともあります。まさしく自分以外のどこかから頭に降りてきたような感じです。

自分以外の何かに、頭の中で話しかけられたような気がする、ということもあると思います。誰かの声が「聞こえる」感じ、とも言えるでしょうか。

こうした「ふと浮かぶ」「突然降ってくる」「聞こえる」という感覚は、多かれ少なかれ誰でも経験があると思います。これこそが龍の声です。

龍の声を聞き逃さないようにするコツは、あなたが感じたその感覚、聞こえた声を信じて受け入れていくことです。聞こえた声を否定しない、と言い換えてもいいでしょう。

「もしかしたら、龍の声が聞こえたかも？」ではなく「龍の声が聞こえた」と、自分の感覚を信じましょう。そして、その声に対して感謝すること。これを繰り返すことで、あなたのアンテナの精度は確実に上がっていきます。

なお、龍の声の特徴には、以下のようなものがあります。

・道徳的、倫理的観点から見て正しいことを言っている
・どう考えても自分では思いつきそうもない
・自分の過《あやま》ちを正してくれている

龍の声らしきものが聞こえた時、これらの特徴に当てはまる場合は特に、気のせいとは思わずに、龍からのメッセージとして受け止めてください。

シンクロニシティ

龍が私たちにメッセージを送る、もうひとつの方法が「シンクロニシティ」です。日本語では「共時性」「同時性」と訳されるシンクロニシティは、「意味のある偶然の一致」を指します。龍は、このシンクロニシティを利用して、私たちにメッセージを送ってくることがよくあります。

以前、ある友人のパソコンが、ウイルスに感染して使えなくなったことがありました。同じタイミングで、別の友人がパソコンにコーヒーをこぼして壊してしまったという話を聞きました。

身のまわりで二件も同時にパソコンのトラブルが起きたということは、何かの暗示かもしれない。私はそう考えました。もし私のパソコンがおかしくなるという暗示だとしたら厄介です。私は台湾に住んでおり、当時は日本語が使えるパソコンが容易には手に入らなかったので、今使っているパソコンが使えなくなるとすべての仕事がストップしてしまうことになります。

そこで私は、次の日本出張の際に、念のため予備のパソコンを一台購入しておきました。その出張から戻って何日もしないうちに、元々使っていたパソコンの動作が突然遅くなり、使いものにならなくなりましたが、予備のパソコンを購入しておいたおかげで、大事に至らずに済みました。

この事例で言えば、肝心なのは、友人たちのパソコントラブルが相次いだ時、それが何かの暗示、つまりシンクロニシティかもしれないと気づけるかどうかです。

龍がシンクロニシティという現象を通じて知らせてくれることの意味を解読し、次の行動の参考にすることができるかどうかが、人生の成功に大きく影響します。

では、シンクロニシティを解読するにはどうすればいいのでしょうか。

共時性を持つ何らかの出来事に遭遇した時、「これはシンクロニシティかも？」と感じたら、それが何を意味するのかということまで考えてみる必要があります。意味を推測する習慣をつけ、その推測の通りであったかどうかを後から検証する。これを繰り返すことで慣れてきて、解読の正答率が上がっていきます。

シンクロニシティが起きた時、あなた自身は何を考えていたのか。どんな言葉が頭にふと浮かんだのか。あなたはどんな状況や心境にあったのか。これらのことを手がかりにしながら解読してみてください。

先日、こんなこともありました。日本への出張を前にして、日本でお目にかかる方々へのお土産を買っている時、ちょうどスマートフォンに日本のAさんからメッセージが入りました。内容は他愛もないものでしたが、私はそのタイミングでメッセージが入ったことが気になり、シンクロニシティかもしれないと考えて、Aさんの分もお土産を買っておくことにしました。

Aさんは、私のほうから気楽にお会いしたいと言えるような立場の方ではないので、日本に行くことは連絡していませんでした。ところが、私が日本滞在中にたまたまAさんから再び連絡が入り、急きょお会いできることになりました。結果的に、買っておいたお土産が役に立つことになったのです。

シンクロニシティは、このように少々機転を働かせて解読しなければならないのが厄介なところですが、龍から出されたクイズに挑戦するような気持ちで、謎解《なぞと》きを楽しんでみてはいかがでしょうか。

龍の存在を信じる

すべては、龍の存在を信じることからはじまります。

龍が目に見えないからといって、存在しないと考えるのは早計です。空気が目に見えないからといって、空気の存在を否定する人はいません。氣《き》なども目には見えませんが、何となく「ある」と感じている人は多いのではないでしょうか。

現代の生活には不可欠な電波や電気も、目には見えません。それらの存在は、江戸時代の人からすればとても信じられないはずです。

つまり「私たちの目に見えない＝存在しない」ということではないのです。

これまでもそうであったように、今は目に見えていないものが、科学技術などの発展により見えるようになったり、その存在が認められるということが、今後も起きてくるはずです。

龍もこの世に存在しています。しかも、あなたのすぐそばに。

そのことを、心から信じてください。そして、龍のパワーに対して敬意を表してください。そうすることで、あなたは龍にたくさん応援してもらえるようになります。


もし、あなたが龍の存在を信じておらず、したがって龍からの応援も期待していないとしたら、龍のほうも、あなたへの応援は控えめになってしまいます。

存在を認識していない相手から、理由もわからないまま応援されたら、誰だって困惑します。あまりありがたいとも感じないでしょう。龍もそれがわかっているので、応援するのは遠慮しようと考えます。

しかし、自分の存在を歓迎し、自分のパワーに敬意を表し、その上「大好き！」とまで思ってもらえたら、龍も悪い気はしません。その人が成功し、幸せになれるよう、可能な限り手を貸したくなるというものです。

自分の存在を否定する人に対しては、龍は神様の命《めい》によりその人を担当するだけ、つまり仕事だから関わるだけで、最低限のことしかしてくれないかもしれません。

あなただって、自分がしたくてする仕事と、上司の命令で仕方なくする仕事では、力の入れ具合が変わるのではないでしょうか。

あなたが龍の存在を信じているなら、龍はあなたのもとに頻繁にやってきて、あなたに関わってくることでしょう。そしてあなたは、龍が語りかけてくれる言葉がより多く聞こえるようになります。

龍があなたのためを思って伝えてくれる大切なアドバイスや、神様からの伝言を、それだけ多く受け取ることができるようになるのです。

龍はどこにいる？

「龍があなたのことを応援してくれていますよ」と言われても、なかなかピンとこないのは無理もありません。そこで、龍もあなたに気づいてもらおうと、さまざまな方法で存在をアピールしています。

龍は神社仏閣がお気に入りなので、神社や寺、廟などでその存在を感じられることはよくあります。

参拝を終えたあと、境内のベンチなどに座って心を鎮《しず》めていると、木々の葉が急にカサカサとはためいたり、枝がバサッと揺れたりします。これは、すぐ近くに龍がいる証《あかし》です。境内の木の上で、神様と対話しているのかもしれませんね。

湖や池、川、海などで、それまで静かだった水面が突然パシャパシャと波立ったりするのも、龍が来ているとよく起こることです。また、空の雲が龍の形になっていたりするのは、とてもわかりやすいアピールです。

このように、龍の存在に意識を向けさえすれば、必ずその気配を感じることができます。

龍がこうして、さまざまな方法でその存在を知らしめようと、私たちにサインを送るのには理由があります。

それは、常日頃から「龍はあなたを見守っている」という意識を、あなたに持ってもらうためです。

あなたが龍の存在を実感できれば、弱っている時には心の支えになるはずです。傷ついている時、見上げた空に龍の形をした雲が浮かんでいれば、励《はげ》ましてもらっている気がして、元気が出てくることでしょう。

何か問題が起きても、「龍がついていてくれる」と思えれば、解決できないわけがないと勇気が湧《わ》いてくるのではないでしょうか。

龍を意識するようになると、街の中でも龍をモチーフにした図柄など、あちこちで龍の存在に気づくようになります。

生活の中で、落ち込んだ時にはまわりを見渡し、あるいは空を見上げて、龍を探してみてください。そして、見つけた龍に心の中で語りかけてください。自分を応援してくれる存在がいるという安心感は、心のお守りになります。

また、絶えず龍に見守られているわけですから、必然的に龍に恥じない行動を心がけることになります。

それは、日本人にとっての「お天道様《てんとさま》に恥じない行動」に通じるものです。「自分さえよければ」「誰も見ていないから」という心から出る行動に、ろくなものはありません。そのような行動をとっている限り、龍があなたを応援してくれることはないでしょう。

東洋の聖書とも言われる経典《きようてん》『易経《えききよう》』には、人の上に立つ君子やリーダーが学ぶべき帝王学や哲学が記されています。そこでは、人がリーダーとして成長していき、世

空に浮かぶ雲が龍に見えたら、心の中で語りかけてみましょう。

の中に広く貢献していくことの大切さを、龍が成長する様子にたとえて説いていま
す。
あなた自身が成功し、幸せな人生を送るだけでなく、周囲の人に対しても貢献でき
る人となること。そして、神様のお手伝いをすること。つまり、あなた自身が学び、
成長しながら、龍のような存在になっていくことが、龍と共に生き、龍に応援しても
らう方法なのです。

パワースポットとは？

ブームが定着しつつある「パワースポット」ですが、そもそもどんな場所なのでしょうか？

パワースポットの定義としては、「風水的によい場所」と「感覚的に気持ちがいい場所」の二つがあると思います。

風水的によい場所とは、すなわち「龍脈《りゆうみやく》」と「龍穴《りゆうけつ》」のことです。陰陽五行説《いんようごぎよう》や方位、地形などの理論による、大地のエネルギー（氣）が流れている場所、よい氣が集まっている場所を指します。

そして、感覚的に気持ちがいい場所とは、おのずと体や心が気持ちよくなる場所。そこにいるだけで元気になり、心が癒《いや》され、そして不思議な力に触れられる場所です。

ただ、一般的にパワースポットとされる場所に行っても、あなた自身は何も感じられないこともあるでしょう。それは、その場所が悪いのではなく、その場所が持つエネルギーと、その時のあなたのエネルギーが共鳴しないことがあるからです。

また、多くの方はパワースポットに対して、何らかの「お得」「ラッキー」ばかりを求めているように思います。

それはそれでかまわないのですが、それよりも「龍からのメッセージがもらえる場所」と考えてみませんか？

もし、ある場所がわけもなく気にかかったり、「行くのは大変そうだけど、どうしても行きたい」などと感じたなら、それは「行きなさい」という龍からのメッセージかもしれません。

ぜひ、あなた自身に合ったパワースポットを見つけてください。

気持ちがよくて、龍からのメッセージがもらえる場所。もしかしたら、あなたの部屋がそうかもしれません。もちろん、それもありでしょう。

とはいえ、自分の部屋のような日常空間よりは、山や川、海など木々のざわめきや水の流れを感じられる場所のほうが、気持ちがいいと感じることが多く、龍との対話も楽しめそうです。

パワースポットでは、まず「気持ちがいい」と自分が感じているかどうかを確認してください。以前来た時は気持ちがよかったとしても、今回はそうでもないということもあるからです。

「気持ちがいい」と感じられたら、パワーが体中に行き渡るように、大きく何回か深呼吸をしましょう。そして目を閉じ、できることなら何も考えずに、ただ氣の流れを感じてください。

ひたすらボーッとしたままでいるのです。しばらくすると、龍の声が聞こえてきませんか？

あるいは、自分との対話がはじまるかもしれません。それは、実は龍や神様との対話でもあります。

そのうちに、何らかのアイデアが浮かんだり、進むべき方向性が見えたり、元気になれたり、テンションが上がったり、あるいは癒されたり、泣きたくなったり……。龍の声や龍との対話を通じて、その時にあなたが必要としているメッセージやパワーをいただくことができることでしょう。この時間は、自分を見つめ直すことができるチャンスかもしれません。

まったく龍の声も聞こえず、自分との対話もはじまらない、ということもあるでしょう。でも大丈夫です。その時は何も感じられなかったとしても、しばらくしてから困っていた問題の解決策がふと浮かんだり、悩んでいたことが、実はたいしたことではないと思えるようになることもあります。

パワースポットに行きさえすればパワーをもらえる、運がよくなると期待するだけではなく、自分を向上させてくれる素晴らしいメッセージをいただける場所、自分を知ることができる場所として、そこで過ごす時間を大切にしてください。

「龍穴」と呼ばれる台北随一の強力スポットに建つ圓山大飯店の「百年金龍」。20世紀前半、台湾統治時代の台湾神宮に祀られていたが、戦時中の空襲でも奇跡的に無傷で残り、今ではさまざまなお願い事をかなえてくれるという大人気のパワースポット。

自然に触れる

龍はあの手この手でメッセージを懸命に伝えてくれているはずなのに、全然聞こえない。そう感じる時が私にもあります。

私は仕事上の都合などから都市部で暮らしていますが、定期的に自然に触れていないと、どうも調子が狂ってきます。いわゆる「第六感」が働かなくなり、何となく鈍感になっている自分にハッとします。

龍も自然が好きです。山や森、そして川や湖などの水辺を好みます。ですから、私たちがこのような場所に出かけることで、龍との絆《きずな》がより深まります。好きな人とのデートでも、お互いのお気に入りのところに行くほうが、より素敵な時間を持つことができるのと同じです。

私たち人間は、疲労やストレスが過度に蓄積すると、五感の能力が低下します。パソコンやスマートフォンを長時間見続ける生活をしていると、視力が低下することを実感している人も多いと思います。一方で、アフリカの大自然の中で生活している人々は、視力が五・〇もあるとか、都市生活者には感知できない音を聞き分けられるといった話を聞きます。

文明の発達に伴い自然から遠ざかることによって、人間が本来持っている五感の能力は退化していくとも考えられます。だからこそ、自然の中で五感を解放し、日常の中で蓄積した疲労やストレスを軽減することが必要です。

視覚や聴覚などの五感には分類できない感覚が「第六感」です。多くの成功者は、この第六感と言われる直感やひらめきを大切にしています。

そして、第六感の冴《さ》えをよくするには、まず五感をしっかり機能させることが必要なのです。

自然に触れることで五感の働きをよくすることができ、それが第六感を研《と》ぎ澄《す》ませることにつながります。

白銀の中で生活しているイヌイットの人たちは、白を細かく見分けることができるそうですが、これは視覚が鍛えられているということでしょう。聴覚が優れている人たちは、風の音を聞くだけで、雨が降ることを察知できると聞きます。

私たちも自然の中に出向いて、森の木々の微妙に異なる緑の色を見分けたり、静寂の中に身を置いて、波の音、虫や鳥のさえずりに耳を澄ませてみましょう。

私もできるだけ時間を作っては、自然のある場所に足を延ばし、年に数回は長めの休みを取って、五感、ひいては第六感の働きを高めるようにしています。

龍からのメッセージを逃さず受信できるよう、受信機である自分自身の感覚のメンテナンスにも気を配りたいものです。

第三章

黄金龍の飼い方・育て方

養龍して（黄金龍を飼って）みる

日々の生活の中で、目に見えない龍の存在を絶えず意識するのは、なかなか難しいものです。

言い換えれば、龍が形あるものとしてそこにありさえすれば、私たちは常にその存在を感じながら暮らすことができます。

私たち人間は、はるか昔から神や霊など、目に見えない存在に対して祈ったり話しかけたりするために、何らかの象徴を求めてきました。

信仰や祈りの対象として、見たり触れたりできるものが必要だったのです。そのため、ほとんどの宗教において、立体像や絵画など、そうした象徴の役割を果たすものが存在しています。

たとえば、仏像がそこにあることによって、お線香をたいたり、お供え物をしたり、お経を唱《とな》えるといった動作がとてもしやすくなります。それによって仏様に思いをはせる時間ができ、仏様とつながりやすくなるのです。

また、聖職者や宗教家によって像に魂を入れてもらう、という考えもあります。このことを日本語では「開眼《かいがん》」、中国語では「開光《カイグウアン》」と言います。神様にその像の中に降りてきていただく。つまり像は祈るための道具にとどまらず、神様そのものとして崇《あが》める対象にもなるのです。

「養龍（黄金龍を飼う）」とは、家に龍の置物や絵を飾り、大切に扱うこと。龍は、権力や仕事の能力など、パワーの象徴なので、仕事運や金運アップにつながり、幸運を呼び込める。

私たちも龍の像（アイテム）を家に飾ることで、日常の中で龍を感じやすくなるようにして、龍（黄金龍）に応援してもらいませんか？

実際に中国や台湾では、いたるところで龍の像や彫刻をあしらった建物を見かけますし、多くの会社や家で、龍の置物や絵が飾られています。龍の力を借りて、幸運を呼び込みたい人がそれだけ多いということです。

龍は権力や仕事の能力など、パワーの象徴ですから、龍を飾ることは、特に仕事運や金運アップにつながります。

このように家に龍を飾り、大切に扱うことを「養龍（黄金龍を飼う）」と私は名づけました。

中国語の「養」には、ただ「養う」というより「愛《め》で育てる」というニュアンスがあります。お気に入りの茶壷《ちゃつぼ》（急須《きゅうす》）を使い込んでいくことを中国語で「養壷《ヤンフウ》」と言ったりします。

では、その「養龍」の方法について、具体的にお話ししていきましょう。

黄金龍の選び方・置き方

まず、龍の置物を手に入れましょう。世の中にはたくさんの「龍」が売られていますが、家に置くことや長く親しくさせていただくことを考慮し、家の大きさに見合ったサイズのものを選ぶことが基本です。狭い部屋に巨大な龍を飾るような、不釣り合いなことは避けたいものです。

その上で、姿かたちが気に入ったものを選ぶといいでしょう。見た目が気に入った龍がいたら、手に取ってみてください。その瞬間に「これだ」と感じ、親しみを覚えたなら、その龍とはご縁があるようです。

そして、その龍のお顔を見てください。龍と目を合わせてみて、何か通じ合うものを感じられたなら、その龍はあなたを待っていたのでしょう。きっとあなたのことを目いっぱい応援してくれるはずです。

こういう時は、自分の直感を大切にしてください。龍選びに限らず、自分の直感を大切にすることは、成功への道しるべです。

最近は、インターネットの通販サイトなどで購入する方も多いと思います。その場合は、直接手に取って確かめることはできません。信用できるサイトであることが前提ですが、掲載されている写真や説明文をよく見て、ピンとくるものがあれば、そのような方法で購入してもかまわないと思います。あなたの元へくるべき龍がちゃんとやってきてくれることでしょう。

ここで注意点がひとつあります。多くの龍は、爪《つめ》で「宝珠《ほうじゅ》」という珠《たま》をつかんでいますが、その爪の数を見てください。

すでにお話しした通り、龍には階級があります。五本爪の龍は、長らく中国皇帝専用とされてきた格の高い龍です。あなたが国家を背負うような立場でない限り、五本爪の龍は避けましょう。

せっかく「養龍」するなら、格の高い龍のほうがいいのでは？　と思われるかもし

五本爪は中国皇帝専用。あなたが皇帝でないならば、三本爪か四本爪の龍を選ぶほうが開運につながる。

れませんが、バランスが大切です。あなたが自分やまわりの人の成功を願うのなら、身の丈《たけ》に合った三本爪か四本爪の龍を選んだほうが、開運エネルギーがマッチしやすいと言えます。

次に、家のどこに置くかを決めます。

龍に十分にパフォーマンスを発揮してもらうためにも、置き場所には気を配ったほうがいいでしょう。龍の習性と風水の理論に基づいて、おすすめの置き場所をお教えします。

龍は「水」を好み、「火」を嫌います。ガスコンロや電気製品、中でも電子レンジや冷蔵庫は「火」と見なされるので、これらのそばに置くことは避けます。テレビやコンピューターのそばも、龍は嫌いです。

方角としては「水」を象徴する北側がおすすめです。反対に、「火」を表す南側は避けたほうがいいでしょう。

ただし、あなたの家の窓から海や川、湖など水が見えるなら、方角にかかわらず、

〈黄金龍の選び方とおすすめの置き場所〉

①家の大きさに見合ったサイズのものを選ぶ

②姿かたちが気に入ったものを選ぶ
「これだ！」と感じたら、その直感を大切に

③五本爪ではなく、三本爪か四本爪がおすすめ

④キッチンなど火の近くに置かない
テレビやコンピューターのそばも避ける

⑤方角は北側がおすすめ
ただし、窓から海や川、湖が見える場合は、
その方角に龍の顔を向けて置く

⑥玄関や入口を入って右側に置くのもおすすめ

⑦水槽の横に置くと龍が最強アイテムに

⑧犬の置物と一緒に飾らない

⑨寝室や子どもの部屋には置かない

龍の顔をその方向に向けて、窓のそばに置くようにします。たとえ南側であっても、水があるということによる作用のほうが強いので、問題はありません。絶えず水が見えることで、龍に喜んでもらえます。

玄関や入口を入って右側に置くのもおすすめです。また、家の中に水槽があるなら、その横に龍を飾るのもいいでしょう。

華人は金運アップのために、家の財位（風水の金運によい位置）に水槽を置き、その中で赤い金魚を飼うことがよくあります。中華レストランや華人のオフィスに大きな水槽があり、その中に金魚が泳いでいる様子を目にしたことがある方も多いのではないでしょうか。その水槽の横に龍を置くと、最強アイテムとなります。

置くのを避けたい場所は、寝室と子ども部屋です。龍のエネルギーが強すぎるためです。

また、龍は十二支でいうと「辰《たつ》」になりますが、十二支の相関図で対極の位置関係にある「戌《いぬ》」とは相性がよくありません。犬の置物などと一緒に飾ることは、エネルギーを引っ張り合うことになるので、避けるようにします。

黄金龍に必ずしなければならないこと

龍には、必ずお水をあげてください。

小さな器に水を入れ、龍のそばに置きます。毎日お水をあげていると、ある時から突然、お水の減りが早くなることがあります。

それは、その時から龍があなたを受け入れ、あなたの水を喜んで飲んでくれるようになったという証《あかし》です。

こうなればしめたもの。黄金龍とあなたとの距離がぐんと縮まり、黄金龍はあなたのために、パワー全開で応援してくれることでしょう。

また、黄金龍のそばにお気に入りの水晶を置くのもよしとされています。

毎朝、黄金龍にお水をあげる時には、黄金龍に気楽に話しかけてみましょう。

「おはようございます。今日はお天気がいいですね。今日も一日、よろしくお願いします」

「今日は大事なプレゼンがあるので、応援してくださいね」

というふうに。また、夜寝る前にも、

「今日も一日、無事に終わりました。ありがとうございます」

「今日は何だかいろいろなことがありすぎて、少し疲れました。明日は平穏でありますように。おやすみなさい」

と、感謝の言葉とともにその日あったことを報告したり、感じたことなどを話してみるといいと思います。

時には黄金龍の前に座り、龍とじっくり語り合う時間を持つことができれば、なおいいでしょう。

この対話は、黄金龍との対話であると同時に、自分との対話でもあります。この時間を多く取れば取るほど、あなたにとってプラスになります。この対話を通じて、黄金龍はきっとあなたにたくさんのアドバイスをくれるはずです。

「置物の龍が水を飲む」などと言われても、にわかには信じがたいかもしれません。

しかしこの世の中には、科学の力ではまだ解明できていない、人知の及ばない出来事は山ほどあります。物事の真偽を冷静に見極める力は必要ですが、かといって何もかも疑ってかかっていては、得られるはずのせっかくのチャンスも逃してしまう可能性があります。

私は、興味のあることはとりあえず何でもやってみるほうです。やっているうちに「ああ、こういうことだったのか」と、その物事の真意がふと理解できることがあります。一見、荒唐無稽《こうとうむけい》なおとぎ話の、真に意図するところに触れたような感覚です。「騙《だま》されたと思ってやってみて」という言葉をよく聞きますが、まさに養龍も、「とりあえずやってみる」。そのハードルは、それほど高くないと思います。

そして、黄金龍と過ごしているうちに、「黄金龍のパワー」というものは、結局のところ、人の心が呼び起こすものなのだということがわかってくるはずです。

黄金龍はスッキリしたところがお好き

風水で、氣《き》の通り道である「龍脈《りゅうみゃく》」をふさがないようにするために、時には建物に穴まで開けるということは、すでにお話しした通りです。

氣、すなわち龍が通る龍脈は、何の障害物もなくすーっと通り抜けられる状態でなくてはなりません。


もし、あなたの家がゴチャゴチャと片付いていない状態であるとしたら、氣＝龍の通り道が阻害《そがい》されていることになります。

最近は、最低限のものしか持たずに生活する「ミニマリスト」などが注目されていますが、これは龍にとっては大歓迎な傾向。龍は自分が通りやすい、スッキリした家が好きなのです。

ですから、家の中はできる限りスッキリと片付けておきましょう。使っていないものは出しっぱなしにせず、所定の場所に戻してください。収納する場所がないとしたら、それはモノの量が家の収納キャパシティを超えているということです。その際には、収納してしまえる量まで思い切って処分するべきです。

片付けをし、窓を開けて風通しをよくすることで、龍の通り道をつくり、その流れに乗ってよい運を呼び込むことができます。

きれいな空気が部屋に入るので、部屋全体がすがすがしくなり、家だけでなく気分もスッキリすることでしょう。すると、やる気や集中力もアップします。必然的に仕事や勉強、趣味など、あらゆることがいい方向に向かいやすくなります。

とりわけ、よい氣の入口となる玄関は大切です。玄関が散らかっていると、それだけで黄金龍は気分を害し、入る気をなくします。玄関に靴を何足も出しっぱなしにすることはやめましょう。

私は、基本的に玄関には靴が一足も出ていない状態にしています。外出から帰宅後、その日履《は》いていた靴だけは、ひと晩玄関のたたきにそのまま置いて乾かし、翌日出かける時に靴箱にしまいます。

また、掃除の際に、余裕があれば玄関のドアやたたきも水拭《みずぶ》きします。玄関にお香をたくこともよくします。こうして、黄金龍が入ってきやすい状態になるよう心がけているのです。

その大事な玄関に、ゴミを置くなどというのはもってのほかです。朝のゴミ出しを忘れないようにと、玄関にゴミを置いたりしていませんか？　そのような玄関には、黄金龍は絶対に入ってきてくれないということを、忘れないようにしましょう。

黄金龍はきれい好き

黄金龍に気持ちよくお越しいただくためには、家全体をきれいにしておかなければなりません。

汚いところが好きという人はあまりいません。もちろん龍も、清潔な場所が大好きです。そもそも、大事な人が家を訪ねてくるとしたら、お掃除をしてきれいにしておくものですよね。龍は大事なお客様なのです。

とはいえ、黄金龍はいつお越しになるかわかりません。多忙な生活の中では、家を常にきれいに保っておくのは難しいこともあります。

その場合は、優先順位をつけましょう。すでにお話ししたように、龍は水をつかさどっていますので、あなたの家にやってきたら、水に関係のある場所には必ず立ち寄ります。具体的にはキッチンやバス、トイレなどの水まわり。そこが汚れていることを特に嫌います。水まわりだけは最低限、清潔にしておくようにしましょう。

水まわりは、生活の中で利用頻度《ひんど》が高いため、特に汚れやすく、また汚れが目につきやすい場所です。

汚れに気づいて掃除しなければと思いつつ、つい見て見ぬふりをしてしまう。そして、その場所を使うたびに、「汚くてイヤだな」「掃除していないなんてダメだな」というかすかな不快感や罪悪感が心の奥に生じます。

このような心理状態が、ひいては物事への消極性や自信のなさにつながることもあります。

この初期段階を通り過ぎ、家の中のあちこちが汚れているのが常態化する頃には、あなたの生活はおそろしく怠惰《たいだ》でルーズになっていることでしょう。

いつしか、汚いものは見て見ないふりをする、臭《くさ》いものにはフタをする、といった逃げの態度が習慣化してしまうのです。

そんな人の人生が順調に進むとは思えませんよね。何をやってもうまくいかず、それは元はといえば自分が招いたことなのに、「運が悪い」などと運のせいにする、ということになりがちです。

もしかしたら、家が汚いために、意中の人を招き入れるチャンスを逃した、などという経験のある人もいるかもしれません。汚部屋を見た相手に幻滅され、その後二度と来訪はなかった、という話も聞きます。掃除をしないことは恋愛や人間関係にも悪影響を及ぼすという、端的な例です。

散らかった部屋にいると、必要なものがすぐに見つからなかったり、タンスの角に足をぶつけてしまうといったことが頻繁《ひんぱん》に起き、年中イライラすることにもなります。

そんな状況では、考えがまとまるはずもなく、そもそも考えることさえしなくなるでしょう。そしてさらに人生がうまくいかなくなるという悪循環にはまり込みます。どう考えても、家を汚くしておくことのメリットはありません。

お客様を迎える予定ができると、それが思い切って掃除に取りかかる、いいきっかけになりますよね。同じように、黄金龍が来てくれることを励《はげ》みにして、こまめな掃除を心がけたいものです。

部屋のごちゃごちゃは頭のごちゃごちゃ

整理整頓ができず、乱雑な部屋にいる人の多くは、お金に縁がありません。テレビなどで取り上げられる、いわゆるゴミ屋敷で暮らしている人の様子は、失礼ながらお金に縁がありそうにはとても思えません。反対に、大富豪の豪邸として紹介されるような家は、たいていスッキリと片付いています。

モノが溢《あふ》れている部屋で生活していると、頭の中までもごちゃごちゃになり、思考が混乱してしまうのです。

人の脳は、目に入るものに対して自然に意識を向けてしまうので、多くのモノに囲まれているほど気が散りやすくなると言われます。締切に追われた作家がホテルに缶詰めになって執筆するのは、極力モノが少ない環境に身を置いて仕事に集中するためでしょう。

集中して考えることができないと、決断力が鈍ったり、間違った判断を下すことにもつながります。生活や人間関係、さらにはお金の管理もいいかげんになっていきます。必然的に、お金に縁がない人になるのです。

私が以前経営していたバーで雇っていたスタッフの女性は、まったく整理整頓ができない人でした。

自宅は床が見えないほどモノが溢れ、店にもいろいろなモノを持ってきては置いておく。気がつけば、靴やドレス、化粧品や髪飾り、サプリメントなど、彼女の私物が店のいたるところに置かれているという状態でした。

自分が持っているモノを把握できていないので、色やデザインが重複する服や靴をいくつも買ったり、まだ飲み終わっていないサプリメントをさらに注文したりという無駄買いをよくしていました。にもかかわらず、「あれがない、これがない」といつも騒いでいるのです。

当然、仕事ぶりにも雑な点が目立ち、私が頼んだこともすぐに忘れてしまうので、大事なことはとても任せられませんでした。

雇い主の私としては、彼女に対してよい評価をすることはできないので、彼女のお給料は上がりません。絶えず苛立《いらだ》っていて、情緒不安定気味な彼女は、同僚ともうまくいっていないようでした。本人にとっては楽しくない職場だったことでしょう。

モノがごちゃごちゃしていると、ことあるごとにモノ探しで余計な時間と労力を使い、その挙句、見つからずにイライラするということになります。

モノがどうしても捨てられないなら、きちんと整理整頓し、モノが目に入らないように収納してしまうべきです。私も捨てられないモノや、予備に買い置きしているモノなどはありますが、その分、収納スペースを多めに設けて、なるべくモノを表に出さないようにしています。

また、モノが溢れているということは、すなわち判断力が欠如していることの表れです。

要不要の判断ができずに何でもとりあえず取っておくとか、収納のキャパシティに見合った物量の判断ができない。だからモノが溢れるのです。

こういう人は、生活の中で生じる「選択」を主体的に行う習慣が身についていません。その結果、就職や結婚など、人生を決定づけるような大事な出来事についても、自分自身で選択できない人になってしまう可能性があります。

いつも他人に決めてもらうか、ただ何となく流されてしまうだけ。そんな、自分の人生に責任が持てない人を、黄金龍が応援してくれるはずもありません。

あなたの部屋の様子は、あなた自身をそのまま映し出しています。それを心に留めて、もう一度部屋の中を見渡してみてください。

第四章

黄金龍が逃げる人、なつく人

黄金龍が逃げる人　①実行しない人

龍は神様のお使いとして私たち人間を救い、幸せにしようとあれこれ奮闘してくれているわけですが、そんな龍にだって感情があります。

「こういう人は、どうも好きじゃない」

という好き嫌いが、やはりあるのです。もちろん龍は神様のお使いですから、好きではない人のことも、ちゃんと面倒をみてくれます。でも、やはり応援の度合いには差が出てしまうようです。

では、龍に好かれないのはどんなタイプの人でしょうか？

まずは、「実行しない人」です。

「行きたいところがある」「習いたいものがある」「やりたいことがある」と言いなが

ら、一向にそれをしない人。欲しいものがあるのに、いつまでたっても買わない人。あれこれ夢や希望を持ちながら、動こうとしない人が少なくありません。

そういう人に「なぜやらないのですか？」と尋ねると、お金や時間がない、学歴や経験がない、家族が許可してくれない、子どもがまだ小さい、場所が遠いなどなど、あらゆる「できない言い訳」が返ってきます。

しかし、本当にそれが理由で「できない」のでしょうか？

例えば、「留学したいけれど、お金がないからできない」と言っている人は、もし宝くじが当たってお金ができたとしても、今度は「家族が反対している」など、別の理由を並べることでしょう。

何かが「ない」からできないのではなく、本気でやる気がないのです。「ない」のはお金や時間ではなく、本当の意志です。

「お金ができたらやろう」ではなく、先に「本気でやる」と決めてください。この本気度が大事です。ゆるい憧《あこが》れのままでは、いつまでたっても実行できません。

本気でやると決めれば、黄金龍は必ず応援してくれます。障害や困難があっても、その解決策を見つけられるようにしてくれるのです。

日本に住んでいた私の妹は、台湾にいる私のもとを何度か訪ねるうちに台湾が好きになり、ある時突然「台湾で生活したい」と言い出しました。

しかし、その当時すでに彼女は結婚しており、小学生の娘がいる身でした。娘を連れて台湾に来て、数年暮らしたいという妹に、私はできる限り協力するつもりではいましたが、お金や娘の学校の問題もあります。ましてや妹は中国語も話せず、台湾で働けるビザも持っていないのですから、そう簡単に来られるはずがないと私はたかをくくっていました。

ところが妹は、すぐさま夫を説き伏せて仕送りを了承させ、お金の問題をクリアしました。そして娘を台湾の日本人学校に編入させるための書類を携え、本当に娘を連れて台湾にやって来ました。

日本人学校への編入手続きでは、駐在員の子女でもなく、親のどちらかが台湾日本人会会員でもない子どもの編入に学校側から驚かれ、台湾の公的機関からも、小学生の留学用のビザなど聞いたことがないと困惑されました。

それでも前例がないというだけで、規制があるわけではないので、無事編入できました。妹自身は居留ビザがないので、ビザなしで滞在できる上限の三カ月ごとに台湾を出ては戻ることを繰り返しました。

こうして、小学校四年生の娘が小学校を卒業するまで、妹は台湾で過ごしたのです。私も多少のサポートはしましたが、肝心なことは妹本人がほぼすべて自力でやってのけました。

お金や言葉、ビザ、家族の理解といった問題も、そして前例がないと言われるような難題さえ、彼女の本気度の前には、障害にはならなかったのです。

やりたいことに対する本気度が強ければ、この世の中の多くのことは実現可能なようにできていると、私は思っています。たとえお金がなくても、本気でやると決めれば、必要なお金がどこかから入ってくる、ということもあるものです。それこそが、黄金龍の応援によるものなのかもしれません。

その応援を得るために、「できない理由」を考えるのではなく、まずは「どうしたらできるか」と考える習慣をつけましょう。

あなたのやりたいことは何ですか？

黄金龍が逃げる人　②不平不満ばかり言う人

不平不満ばかり言う人のことも、龍は嫌いです。

黄金龍が懸命に応援し、よかれと思って助けてくれているのに、それには目を向けず、マイナスのことばかりにフォーカスしては「なんで私ばかり」と文句を言っている。これでは、龍もやりきれません。

誰でも文句ばかり聞かされれば、それがどんな内容であろうと、いい気持ちはしないものです。

私が経営していたバーのホステスだったYさんは、不平不満の塊でした。お客様からプレゼントをいただいても、「こんな安物をもらっても困るわ」とケチをつける。では高級ブランド品ならいいのかといえば、「デザインがオバさんっぽくてイヤ」

と、やはり文句を言うのです。

お客様に対してもそうです。あの人はケチ、この人は無口すぎて間が持たない、その人はうるさくて疲れる。結局、どんな人に対しても文句を言いたいのです。

Yさんはとても器量がいいので、最初はお客様からの人気も高いのですが、話すことは同僚の悪口から食事に対する文句まで、不平不満のオンパレード。気持ちよくお酒を飲みたくて来ているお客様はウンザリです。

これではお客様も私も、Yさんを応援してあげようという気にはなれません。それは龍も同じです。

自分が置かれている状況に文句を言い、被害者意識を持つことは、実はとても楽なことです。

それは、自分のまわりで起こっていることに対して、当事者として責任を持とうとせず、状況を改善する努力を放棄している無責任な姿勢にほかなりません。

責任を持つより、他人のせいにして攻撃するほうが、ずっと簡単です。しかし、文句からは何も生まれず、問題も解決しません。

文句が言いたくなるような状況も、冷静に考えてみれば、それほどひどいものではないことがほとんどではないでしょうか。

もし、どう考えてもひどい状況だとしても、文句を言うことではなく、状況を改善したり、問題を解決するためにエネルギーを費やしてください。

強い意志を持ってその状況に向き合い、対処する。それが自分の人生に責任を持つということです。龍もそれを熱心に応援してくれるはずです。

イヤなことやできないこと、持っていないものばかりにとらわれて文句を言うのではなく、好きなことや実現できたこと、手にしているものに目を向け、感謝の気持ちを持つことで、人生はまったく違ったものになるはずです。

黄金龍が逃げる人 ③何でも言い訳する人

「言い訳」は格好悪いものです。言ってもはじまらない言い訳を延々と聞かされるのはたまりません。龍も言い訳は大嫌いです。

結果を出せる人は、言い訳をしません。

言い訳とは、ミスやトラブルに対して「自分は悪くない」とアピールするためのものです。問題の原因から目をそらすことになり、本質的な解決にはつながりません。いずれまた同じようなミスやトラブルが起き、また言い訳を繰り返すことになります。

マイナス評価を避けるために言い訳をすることで、さらにマイナスの印象を与えてしまうこともあります。

例えば、遅刻してきた部下が「申し訳ございませんでした。以後気をつけます」と素直に謝ってくれれば、上司としては「ああ、気をつけてくれ」で済みます。

ところが「今日は雨のせいで道が大変混んでいまして、足元も悪くて……」などと言い訳を並べられると、少しカチンと来るものです。「雨は君の頭上だけで降っていたの？　他の人はちゃんと来ているじゃないか」と言いたくもなります。

元々は大した問題でもないのに、言い訳をしたばかりに相手の心証を悪くしたり、失敗を悪目立ちさせることがあるのです。

もうひとつ避けたいのは、「自分に対する言い訳」です。

「私は太りやすい体質だから、ダイエットが成功しない」「家が狭くて勉強に不向きな環境だから、試験に合格できない」などなど。こうした言い訳は、自分を甘やかしているだけです。

現状に何の不満も不都合も感じていない人などいません。どんなに成功していて順《じゅん》風満帆《ぷうまんぱん》に見える人でも、何らかの不満や不自由はあるはずです。それをあげつらったところで、状況は何も変わりません。

それなら言い訳などせず、目の前の現実に潔く真正面から向き合い、精一杯の努力をするほうがいいのは明らかです。


多くの成功者たちは、例外なくとてつもない努力をしています。今はのんびりしているように見える人でも、そこに至るまでには死ぬ気で頑張っていた時期が必ずあります。ただ、あえてその努力をアピールしないだけです。成功者にとって努力するのは当たり前のことで、わざわざアピールするほどのことではないからです。

言い訳の上にあぐらをかいていては、決して成功することはありません。言い訳を考える時間があるなら、黄金龍と対話して、目の前の問題や成し遂げたいことについて、自分は何をするべきなのかを問いかけてみましょう。素直な気持ちで真摯《しんし》に語りかければ、きっと答えをくれるはずです。

黄金龍が逃げる人　④テレビがつけっぱなしの人

龍は「スッキリしている」状態が好き。したがって、頭の中がごちゃごちゃしているのは、黄金龍にとって好ましくありません。

部屋と頭のごちゃごちゃが結びつくことは、すでにお話ししましたが、もうひとつ、頭のごちゃごちゃをつくるものがあります。

それが「テレビのつけっぱなし」です。

もちろん、見たい番組をしっかり見るのはかまいません。よくないのは、ただ何となくテレビをつけて、ボーッと見ていることです。

つけっぱなしのテレビから流れてくる情報は、そのほとんどがあなたにとって不必要な、どうでもいいものです。しかし、たとえ要《い》らない情報であっても耳や目に入ってくれば、脳はそれを処理するために活動しなければなりません。すると、大事な龍からのメッセージが聞こえなかったり、物事を考える力が鈍くなったりします。つまり、不必要な情報がインプットされることで、あなたにとって有益な情報がインプットされなくなるという事態が生じるのです。

また、本当は考えなければならないことがあったとしても、テレビがついているとそれに向き合わずに済みます。一種の現実逃避です。しかし、それでは問題は何も解決しません。

テレビの怖いところは、特に見たいと思っていなくても、見はじめるとついずるずると見続けてしまうことです。ふと気がつけば数時間経《た》っていた、などという経験は、誰にでもあるのではないでしょうか。

テレビは私たちの大切な時間を奪う時間泥棒です。帰宅すると同時に、無意識にリモコンのスイッチを手にしてテレビをつけ、寝るまでの間、つけっぱなしになっているとしたら、一体どれだけの時間をテレビに奪われていることでしょう。

その上、テレビからは悲しい出来事やおぞましい事件のニュースが次々に流れてきます。人を罵《ののし》る聞き苦しい言葉や、耳をふさぎたくなるような叫び声なども聞こえてきます。

自分が意識してニュース番組を見ている時は、悲惨《ひさん》なニュースにもある程度覚悟を持って対峙《たいじ》することができますが、つけっぱなしのテレビから流れてくるネガティブな情報や汚い言葉は、無防備な状態で受け止めることになるので、マイナスの波動をもろに受けてしまいます。

つまり、テレビをつけっぱなしにしておくことは、それだけで運が下がるということです。

私の家にもテレビはありますが、テレビ番組を見ることはありません。台湾はケーブルテレビが充実しているのですが、私は受信契約をしていないので、見ることができないのです。

それでもニュースなど必要な情報は、インターネットで見ることができるので、特に不自由はありません。とはいえ、ネットもまた、漠然《ばくぜん》とネットサーフィンをしてしまうと時間が奪われるので、気をつけなければなりません。

テレビやネットをダラダラと見続けている間に、黄金龍からの大事なメッセージを受信し損《そこ》ねて、収入アップにつながる大事なチャンスを逃す、などということがないようにしたいですね。

黄金龍がなつく人　①運動している人

では、黄金龍が寄り添いたくなる人とは、どんな人なのでしょうか。

人間と同様、好きなことが共通している相手には、龍も親しみを覚えます。龍が大好きなことのひとつは運動です。龍の姿の多くは躍動感に溢《あふ》れていますよね。龍の移動範囲はとても広く、この地球だけでなく宇宙にまで及びます。

時には神様を背中に乗せて、あちこちを軽快に飛び回ることもあります。そのため、いつ神様からその役目を仰せつかってもいいようにと、普段から体を動かして鍛えているといいます。だからこそ、あの引き締まった体が維持できているのでしょう。

あなたは体を動かすことは好きですか？

体を動かすことは、龍を呼び寄せる、つまり運をよくすることにつながります。「運動」とは「運を動かす」と書きます。体を動かすことなのに「体動」ではありません。中国語でも「運動」です。この言葉をつくった人はよくわかっているなと感心します。

「運」は、一カ所に停滞させてしまうと澱《よど》んできます。絶えず動かすことで、運がよくなったり、開けたりするのです。よい方向に運を変えたいと思うなら、運動することがおすすめです。

ビジネスなどで成功している方の多くは、何らかの運動をしているように思います。運動することで気分転換ができ、よいアイデアが浮かびやすくなったり、仕事から意識を完全に切り離す時間が持てることで、精神のバランスが安定する。つまり、生活の中に適度に運動を取り入れることによって、仕事などの活動にもよい作用をもたらすことになるのです。私自身も、そのことを実感しています。

忙しくて時間がないから運動できない、というのは言い訳にすぎません。毎日必ず行わなければいけないわけではなく、週に二〜三時間でもかまわないのです。その時間も取れないとしたら、時間の使い方を見直す必要があります。

何はともあれ、体を動かしてみてください。といっても、あなた自身が楽しいと感じる運動であることが重要です。むやみに激しいものや苦痛なものに取り組む必要はありません。お散歩でもいいのです。

そして、運動の後にあなたの心の変化を意識してみましょう。運動する前に比べて、何となくスッキリしていませんか？

ネガティブ思考や、不安や怖れ、怒りなどのマイナスの感情が消えていたり、減っていたりすることに気づくと思います。汗と一緒に黒い感情は流れ落ちます。

精神的に追い込まれている時は、睡眠の質が悪くなる傾向があります。床についてもあれこれと気になって、なかなか寝付けない、睡眠が浅くなるといった経験がある方も多いと思います。体を動かすことは、質のよい睡眠の助けになります。

成功している経営者の中には、多忙にもかかわらずマラソンやトライアスロンに挑戦している方がよくいます。苦しい運動を自らに課し、確かな達成感を味わう。それが彼らの性に合っているのでしょう。そのような気質であるからこそ、成功をつかむことができたとも言えます。

最近、「なんだか運がよくないな」と思う方は、「運を動かす」ために、まずは運動してみてください。そしてふっと心が軽くなるのを感じられたとしたら、それは黄金龍が近づいてきたことのサインかもしれません。

黄金龍がなつく人　②お洒落《しゃれ》な人

龍には「かっこいい」イメージがあります。まず姿かたちがかっこいい。だからこそ、中国歴代の皇帝も、龍の柄があしらわれた服を好んで身につけていたのでしょう。

国民の幸福度が高い国として知られるブータンの国旗には、龍がデザインされています。日本でも、龍をモチーフにしたデザインの服や小物をよく見かけます。

龍がかっこいいのは、龍自身がなかなかの「お洒落さん」だから、ということもあるようです。特に、あの長いヒゲにはかなりこだわりがある様子。

人間でも、ヒゲをはやしている男性はお洒落な方が多いという印象があります。かっこいいヒゲをキープするには、念入りなお手入れが欠かせないとも聞きますから、あの立派なヒゲを見れば、龍がかなりのお洒落さんであることは見当がつきます。

そんな龍は、自分と同じようにお洒落な人が好き。あなたはお洒落を楽しんでいますか？

暑さ寒さがしのげて、清潔なものを身につけていればそれでいい、などと考えて、お洒落をすることを忘れているとしたら要注意！　運を逃してしまいます。

鏡を見て「今日の私はイケてないなあ」と感じる時は、外出先でもできることなら知り合いには会いたくない、という気持ちになるものです。

こういう時は、すべてにおいて消極モードになっているはずです。知り合いが声をかけてくれたのに、イケていない自分の姿を見られたくなくて、逃げるようにその場を立ち去ってしまったとしたら……。

もしかしたらその人は、あなたにとても有益な情報を伝えようとしていたかもしれません。お洒落に手を抜いたばかりに、チャンスを逃すこともあり得るのです。

反対に、お洒落をすると気分がウキウキ、ワクワクします。その勢いで、会った人にもいつもより積極的に挨拶《あいさつ》ができたりします。それだけで、よい「氣《き》」に包まれますよね。

私の友人に、ボランティアで施設や病院を訪れ、高齢者の方々の髪のセットやメイク、ネイルなどを行っている人がいます。その友人によると、男女問わずどんな方も、きれいにしてあげると驚くほど明るくなるそうです。

高齢の女性で、普段は他人と会話をしたがらない人も、きれいなネイルが施《ほどこ》されている間は、積極的に会話の輪に入ってきたりするそうです。

お洒落は気分を浮き立たせるだけではなく、このように積極性をも湧《わ》き上がらせる効果があります。積極的な行動は、自分の人生に責任を持ち、自ら切り開いていくことにつながります。つまり、「成功したい」「幸せになりたい」と自ら意思表示し、行動することができる人になるということです。

こういう人を、黄金龍は放っておきません。どうしても熱心に応援したくなってしまいます。

また、お洒落をしようという気持ちは、自分に余裕がなければ湧いてこないものです。切羽詰《せっぱつ》まっていたり、つらい思いをしていたりする時には、とてもそんな気になれません。

余裕があるということは、いろいろなことを受け入れられるスペースがある、ということです。

斬新《ざんしん》なアイデアも、素敵なアドバイスも、自分にそれを受け入れるスペースがあれば入ってきます。言い換えれば、黄金龍が耳元でどんなに重要なことを囁《ささや》いても、余裕がない人の耳には入ってこないのです。

龍だって、無駄な努力はしたくありません。聞き入れてくれそうな人に優先して伝えてきます。お洒落をするということは、その余裕があることを龍に示すことでもあるのです。

最近、お洒落への意欲が下がっていると感じたなら、龍の視線を意識して、自分の心が華やぐお洒落を楽しんでみませんか？

黄金龍がなつく人 ③今を楽しんでいる人

大空を自由に飛び回り、鳥たちの歌声を楽しんだかと思えば、飛行機とスピード競争してみたり。大海を泳ぎ回って魚たちのダンスショーを観覧するやいなや、クジラと水の飛ばしっこをして遊んだり。

黄金龍は、どんな時も「今」を楽しんでいるように見えます。

「楽しい」という波動が、次の「楽しい」を呼び寄せることを知っているからでしょう。波動は、基本的に同じ波動を呼び込む性質があります。

波動とは、波型に振動しているエネルギーを指します。目に見えないものも含めて、すべてのものは波動を発しているのです。

この世の万物は原子で構成されています。その原子自体が振動するエネルギーであり、したがってこの世に存在するものはすべて波動を持っているのです。

ヒトやモノはもちろん、場所や空気などにも波動はあります。波動は「氣」と言い換えることもできます。神社などの境内に入った瞬間に、凛《りん》とした空気を感じたりすることは、多くの人が経験していると思います。

反対に、ホテルの部屋などに入ったとたん、何とも言えない澱んだ空気を感じる、などといったこともあります。これらは、その場が放つ特有の波動があるからです。

人間に対しても同じように、会った瞬間「この人とはウマが合いそう」「何だかこの人は苦手」と感じることがありますよね。これは、相手が放つ波動をあなたが感知しているからです。

「ウマが合いそう」と感じた相手は、比較的あなたと似通った波動の持ち主であることが多いものです。「類は友を呼ぶ」というわけです。

波動は互いに近いものを引き寄せ合います。例えば、イヤだなと思いながら仕事をしている時に限って、上司から面倒な仕事を頼まれるなど、さらなる「イヤなこと」

がやってきた、という経験はありませんか？　イヤな気分で仕事をしていれば、イヤなことを引き寄せてしまい、仕事はさらにイヤなものになってしまいます。

反対に、楽しんで仕事をしていれば、仕事はどんどん楽しくてしかたがないものになるのです。

どんなものの中にも「楽しい」は見つけられます。自分の心ひとつで感じ方は変わるのです。それを見つけて、いつも楽しい気持ちでいられるようにすれば、楽しいことが引き寄せられ、毎日がさらに彩り豊かで楽しいものになっていきます。

「今」を楽しんでいる人のもとに、黄金龍はやってきます。

まずは、今を心から楽しんでください。それが新たな「楽しい」を呼び込み、「楽しい」がどんどん増えていく、幸せなループのはじまりです。

第五章

お金の機嫌も龍次第

生きたお金の使い方

お金に縁がある人になりたいのなら、黄金龍に応援してもらえるお金の使い方をしなければなりません。

黄金龍が嫌うのは「無駄遣い」です。ここで言う「無駄遣い」の判断基準は、金額の多寡《たか》ではなく、手に入れたモノが「要《い》るか要らないか」「好きか好きでないか」です。

本当に気に入ったモノ、好きなモノを購入したのであれば、たとえそれが高額だったとしても「無駄遣い」とは言いません。

好きなモノは、使用頻度《ひんど》が高くなります。そして、それを見たり使ったりするたびに気分が上がります。高価なものであればなおのこと大切に扱い、壊れても修理を重ねながら、長く愛用するはずです。

しかし、バーゲンで安かったからとか、流行《はや》っているというだけの理由で、好きでもないのに買ったモノは、すぐに使わなくなります。死蔵したままになったり、粗雑に扱って壊れたりして、別のモノを買い直すことになります。これが本当の「無駄遣い」です。

それから、「自分への投資」も、無駄遣いではありません。

自分自身の成長や洗練につながること、あるいは自分自身の収入の源となるスキルや商品の信頼性を高めることへの支出です。

書籍代、習い事やセミナー、交流会の参加費、見た目向上のための費用などはもちろん、娯楽である観劇や旅行への出費も、自分を成長させてくれるという観点で「自分への投資」に当てはまります。

私自身は、本に対するお金は一切惜しみません。気になる本はすべて購入します。

たとえ一ページしか読まなかったとしても、無駄とは考えません。その一ページに書かれていたことが、どこかで何かの役に立つこともあるからです。

日本で受けたいセミナーがあれば、台湾から駆けつけます。セミナー代より、飛行機代や宿泊費のほうがはるかに高いこともしばしばですが、それを気にしたことはありません。


学びたい気持ちがあれば、お金は惜しまず、どこにでも行く、という私の考えが、同じ考えの人を引き寄せるのか、私が日本国内で行うセミナーには、遠方からの参加者も少なくありません。台湾で私の鑑定を受けるために、日本や香港、中国からたくさんの方が来てくださいます。

お気に入りのモノを買ったり、自分のために投資することは、お金が喜ぶ「生きたお金の使い方」です。こうした使い方は、黄金龍も応援してくれるので、結果的には何倍にもなって返ってきますよ。

運もお金も動かないと育たない

お金は、黄金龍と同じように「動き回る」性質があります。

それは、お金のことを「御足《おあし》」と呼んだり、「お金に羽が生えている」「金は天下の回りもの」などと言われることにも表れています。

一カ所に置いておくと、お金は退屈して、そこにいることが苦痛になってきます。

呼吸は吸ったら出す、食べ物も食べたら出すのが道理です。お金も入ったら出す。手元に溜《た》め込んではいけないのです。

これは「貯蓄なんて必要ない」という意味ではありません。出すべきお金をきちんと出して、お金の流れを止めてはいけない、ということです。お金に執着して出し惜しみをすると、黄金龍はそれを快く思いません。

時にはたとえ無駄と思えるような出し方でも、ここぞというところで気持ちよくお金を出すことで、いずれお金はお仲間を連れて帰ってきてくれます。

それをせず、「節約」という名のもとに、本来出すべきところでケチケチしていると、入ってくるものも入らなくなります。

帳尻《ちょうじり》が合うとでもいうのでしょうか。ケチった分かそれ以上の金額を、人に騙《だま》されたり、不良品をつかまされたり、お財布を落としたりして失うことになります。黄金龍はちゃんと見ているのです。

私の友人のHさんは、少々ケチなところがあります。彼女が台湾に遊びに来た時のこと。本来なら見学料が必要な場所に、団体客にまぎれてタダで入り込み、「得したわ」と喜んでいました。

ところがその日の夜、かなりのお金が入っていた電子マネーカードをなくしてしまいました。

もちろん、彼女が払わなかった見学料と、なくしたお金の因果関係を証明することはできません。ただの偶然といえばそれまでですが、私にはそうは思えません。世の中はそういうふうにできている。出すべきお金を出さなかったりすると、黄金龍に徴収されてしまうのです。

反対の例もあります。ある時、台湾の大学に留学中だという見ず知らずの日本人女性から、私に電話がかかってきました。

聞けば、子宮外妊娠で救急搬送され、緊急手術を受けたばかりとのこと。ところが、お金がないので費用の支払いができず、退院できない。困り果てて、ホームページを見て知っていた私のサロンに電話をかけてきたと言うのです。

念のため慎重に話を聞いてみましたが、詐欺《さぎ》というわけではなさそうです。頼れる人は身近におらず、事情が事情だけに親にも言えず、同じ日本人女性で、連絡先がわかり、多少のお金なら融通してくれそうな私に、藁《わら》にもすがる思いで連絡してきたということでした。

なぜ私が？　という思いはありましたが、外国の地で窮地に陥《おちい》っている、若い日本人の女の子を放っておくことはできません。我ながらお人よしすぎるとは思いつつ、病院まで出向き、入院代を立て替えてあげました。

するとその後まもなく、とても条件のよい仕事が舞い込んできました。

営業をかけていたわけでもなく、まさに「舞い込んできた」としか言いようのない、ありがたいお話でした。先方の社長がたまたまホームページで私のことを知り、それがきっかけで仕事の依頼を決めたそうです。

この仕事では、私が留学生に立て替えてあげた入院代の五倍以上の利益が出ました。もちろん、その立て替えと今回の仕事には何の関係もありません。

しかし、この両極端な二つの件が、どちらも同じホームページを起点としていることに、不思議なつながりを感じます。さらに、その社長の出身地と留学生の実家が同じ県だと知った時には、「龍からのご褒美《ほうび》？」と思わずにはいられませんでした。

お金の流れを止めることなく、絶えず循環させることを心がけてください。そうすることで黄金龍も喜び、自然に入ってくるお金が増えるようになるでしょう。

「お金の器」を大きくすればお金が貯まる

人にはそれぞれ、その人自身の「お金の器」があります。人間的な度量に対して「あの人は器が大きい」などと言うように、この「お金の器」も、人によって大小があります。

そして私たちは各自、その器に見合うだけのお金しか持つことができないようになっています。

例えば、あなたの「お金の器」が一〇〇万円までしか入らない器だとすると、そこにさらにお金を入れようとしても、オーバーしたお金はどこかに消えてしまいます。

一〇〇万円までは順調に貯めることができるのに、それを超えると、不慮の事故などによる思わぬ出費が続いて、八〇万円ぐらいに減る。そこからまた一〇〇万円にはできるのに、それ以上になるとなぜか出て行ってしまう。こういうことが、実際にあるのです。

では、どうすれば自分の「お金の器」を大きくすることができるのでしょうか。

龍にとって好ましいのは、自分のようにお金が動き回ることです。収入が多い人でも、それに見合ったバランスでお金を使っていないと、「お金の器」も小さくなってしまいます。

私のクライアントのT子さんは、年収数千万円というやり手のビジネスウーマンです。にもかかわらず、家賃一〇万円以下の部屋に住み、ブランドもののバッグや服は買わず、生活レベルは一般的なＯＬさんと変わりません。ケチというわけではありませんが、収入の割にはあまりにも質素です。

彼女自身は、「いざ」という時のために節約して貯金していると言います。しかし、その貯金が一定額になると、それを見計らったようなタイミングで思わぬ「いざ」が起こるそうです。

台風で実家が損傷し、修繕費《しゅうぜん》が必要になったり、身内が事故を起こして、その慰謝料を肩代わりさせられたり。いくら本人が質素に暮らしていても、数年に一度の割合で不測の事態が生じ、ドカンとお金が出て行ってしまうのです。

そこで私は彼女に「貯金は多くても収入の二割くらいにして、あとは使ってくださ い。使い切れなかったら、寄付をするなり、友達にごちそうするなりしましょう」とアドバイスしました。

望まぬアクシデントでお金を使うことになるぐらいなら、自分のために潔く使ったほうがいい。T子さんはそう心に決め、私のアドバイスを実行しました。すると、あの「ドカンとした出費」が生じなくなり、しかも貯金額も収入に見合う程度まで増えました。

収入は以前のままで生活レベルを上げ、出費を増やしたのに、貯金額が増えるという面白いことが起きました。しかし、これは当然のこと。これまで「ＯＬ仕様」だったT子さんの「お金の器」が、本来の収入に見合った大きさになったということです。

お金の流れは止めず、世の中に循環させなければいけません。

そこでお金の使い方としてもうひとつ心に留めておきたいのは、想定外の不労所得を得た場合には、寄付をしたり、普段お世話になっている人にごちそうするなどして、なるべく世間に還元したほうがいいということです。

成功している華人の多くは、そういうお金の使い方をします。想定外の不労所得は、言ってみれば宝くじに当たったようなもの。そこで運を使い果たしてはもったいない。

今後あるかもしれない、もっと大事な大勝負のために、運は取っておかなければ！そう考えて、貯めずに使ってしまうのです。一種の「厄落とし」ですね。

こうしたお金の使い方は、黄金龍の意向にも沿うものです。自分もまわりも気分がよくなるようにお金を使ってこそ、お金との縁が深くなるのです。

真の成功者は寄付を惜しまない

東日本大震災の際に、台湾のエバー航空のエバーグリーン・グループ総裁、張榮發《チャンロンファ》氏（故人）が個人名義で一〇億円もの寄付をしたことに、日本からは大きな感謝と称賛《しょうさん》の声が上がりました。

日本国内でも、ソフトバンクの孫正義《そんまさよし》社長は一〇〇億円、楽天の三木谷浩史《みきたにひろし》社長とファーストリテイリングの柳井正《やないただし》社長は一〇億円を、それぞれ個人資産から寄付しています。

欧米では、資産家や成功者が世の中に貢献するのは当然のこととされています。実際に、マイクロソフト創業者のビル・ゲイツ氏は巨額の寄付に加え、慈善団体の立ち上げなどを行っていることはよく知られています。フェイスブックのＣＥＯのマーク・ザッカーバーグ氏も、自身が所有するフェイスブックの株式の九九％を、将来にわたって寄付することを表明しています。

華人の成功者の多くも、出身地や地元に学校や病院を建てるなど、寄付や慈善活動に熱心です。


しかし一方で、成功者の中にも儲《もう》けたお金を隠すことばかり考えていたり、自分の贅沢《ぜいたく》や快楽のためだけに消費してしまう人もいます。そのようなお金の使い方をしていると、お金はいずれどこかへ消えてしまいます。

黄金龍と同様、お金も居心地のいいところに行きたがります。

お金持ちがたくさんのお金を隠していると、そのお金は余計な嫉妬《しっと》や恨《うら》みの対象になります。元々は不当に得たお金でもなく、他人から非難されるいわれはないはずですが、世の中には「たくさんお金を持っている」というだけで、それを快く思わない人も少なからずいます。

お金にしてみれば、存在しているだけで攻撃の的になるのはたまったものではありません。そこで、もっと居心地のいい場所に移動するのです。

それはどこかといえば、多額の寄付をする人のところです。その人のところには、寄付したお金でご飯が食べられたり、病気から救われたり、教育が受けられた人たちからの感謝や喜びの気持ちがたくさん集まっています。

誰だって、嫉妬や恨みなどのマイナスエネルギーをぶつけられる場所よりは、喜びや感謝のプラスエネルギーに満ちた場所のほうが快適です。それはお金にとっても例外ではありません。

結果的に、多額の寄付をする成功者やお金持ちには、どんどんお金が集まってきてますますお金持ちになります。それに対して、寄付するという発想のない残念なお金持ちは、いつしかそのお金を失う羽目に陥ります。

例えば、脱税で摘発されたり、多額の罰金を徴収されたり、詐欺や盗難に遭《あ》ったり、ギャンブルですってしまったり……。「魔が差す」とでもいうべきこうしたお金の問題は、お金のもとに集まってきた、人々のマイナスエネルギーによって引き起こされることもあるのです。

しかも、お金が出て行くだけでは済まず、信用をなくす、自信をなくす、仕事の時間をなくすなど二次的な損失も発生します。それによってさらにお金を失うことになりかねません。運もツキもなく、まさに神様にも龍にも見放された状態となり、何をやってもうまくいかなくなります。

数年前に大手の製紙会社の三代目が賭博《とばく》で負け、会社のお金を一〇〇億円以上も使い込んで実刑を受けたことは、大きな話題となりました。一〇〇億円も賭博に使えるお金があったのなら、その一〇分の一でも寄付をしていれば、そんなことにはならなかったのではと思います。

また、神様に感謝するためにお金を使うことも、黄金龍が喜ぶお金の使い方であり、お金にとっても幸せな行き先と言えるでしょう。

シャープの買収で日本でも有名になった台湾企業、フォックスコン（鴻海《ホンハイ》）の創業者、郭台銘《グオタイミン》（テリー・ゴウ）氏は、一代でこの巨大企業を築き上げた凄腕《すごうで》経営者です。

この郭会長は二〇一七年に、台湾人が熱心に信仰する海の守り神、「媽祖《まそ》様」のご本尊を中国からお呼びするために、なんと約二〇〇〇万台湾元（約七四〇〇万円）もの寄付をしました。

台湾の人たちは、大好きな媽祖様のご本尊にお目にかかれるとあって、大喜びです。郭会長の寄付などによって実現した、媽祖様の招聘《しょうへい》と台湾各地を巡るパレードに、台湾中が熱狂しました。

神様のパレードのために、これだけ多額のお金を寄付するというのは、日本人の感覚からすると少しもったいないような気がするかもしれません。しかし、このパレードによってたくさんの人が感激したり、気持ちが救われたりしたのですから、大きな価値があったのだと思います。

日本でも、神社仏閣に多額の寄付をする成功者は少なくありません。資産家でなくとも、地元の神社仏閣の備品や設備、お祭りなどに寄付する人は多いようです。神社の手水舎《ちょうず》やお寺の手桶《ておけ》などに、寄付した人の名前が入っているのをよく見かけます。

こうしたお金の使い方は、「神様へのお礼」という意味があると思います。神様のおかげで（おかげさまで）、自分のしたことがうまくいった、物事がよい方向にいったという、感謝の気持ちを謙虚に表すものです。

そして、その寄付によって支えられた神社仏閣を訪れた人が、神様に祈り、それが成功につながり、またその人が感謝して寄付をして……と、成功や感謝の幸福な連鎖《れんさ》が生まれます。成功者が神様にお金を使うことが、次の成功者を生むことにつながるのです。

黄金龍はその連鎖を、喜びをもって見守っていることでしょう。あなたはまだ成功者とはいえないとしても、ひと足先に神様に寄付をして、この連鎖の中に入り込んではいかがでしょうか。

お金に対してオープンになる

「お金のことを口にするのは、はしたない」という感覚を持つ日本人とは対照的に、華人は積極的にお金や財産のことを話題にします。

「今日は株で○○（台湾）元儲かったのよ」「あら、どこの株？」などという会話がサウナの更衣室で交わされていたり、自宅まで送り届けてくれたタクシーの運転手さんが「このあたりの物件は高いけど、あなたはそのマンション、買ったの？　それとも借りてるの？」と平気で尋ねてきたりするのは、台湾ではごく普通のことです。見ず知らずのオバサマが突然、「ねえ、そのバッグいいわね。どこで、いくらで買ったの？」と話しかけてくることもあります。

従業員に支払う給与やボーナスの金額も、すべてオープンにされてしまいます。熱心に働いているスタッフの給与を上げると、別のスタッフから「なぜ彼女と私のお給料は金額が違うのですか？」と詰め寄られたりするので、経営者の立場としては、やりにくいと感じることもしばしばです。

華人にとって、モノの値段や給与の額について尋ねるのは、名前を尋ねるのと同じくらい自然なことのようです。

祖国・中国から世界各地に渡った華人たちが、新天地で裸一貫から財産を築き上げたり、成功をおさめている理由のひとつはここにあると思います。

日常的にお金のことを口にし、モノの値段をチェックし、どこかにお金儲けのネタがないかと注意を払っていることで、自然に相場を見極める感覚やお金に対するセンスが養われます。お金の支払いや受け取りに際して、適正価格や相手の懐具合を的確に判断できるようになるのです。

一方、日本人はお金の話題をタブー視する奥ゆかしさがあだとなり、お金に対する感性が磨かれず、国際基準の金銭感覚が身につきにくくなっています。

今の時代、お金に対する感度が鈍いと、国際的な市場では不当な金額をふっかけられたり、相手になめられて不利な取引を強《し》いられることになります。世界を相手にビジネスをしたい、海外に出て行きたいという気持ちがあっても成功は難しいでしょう。

日本に来る外国人が増え、不動産を所有したりビジネスを展開するケースも多くなっている今、このことは日本国内で普通に生活している人にとっても無関係ではありません。

日本人のお金に対する思い込みには、独特なものがあると思います。

「お金、お金と言ってはみっともない」「お金は苦労して稼ぐもの」「お金持ちになるとバチが当たる」「お金がやたらとある人は、何か悪いことをしている」……。外国にはこんな考えはありません。

お金がなければ私たちは生きていけないのですから、言及しないほうが不自然です。苦労せずにお金を稼いでいる人はいくらでもいますし、バチはお金持ちにではなく、悪いことをした人に当たるものです。お金持ちには悪いことをしていない人のほうが圧倒的に多い上、彼らは多額の寄付や納税をしているのですから、社会にとってはむしろありがたい存在です。

こうした思い込みの根底には「お金は恥ずかしいもの」という意識があると思います。それに対して華人は「お金大好き！」という思いをとても素直に表現します。

小さいわが子に「大きくなったらお金をたくさん稼いでね」と言い聞かせたりします。彼らにとって、お金をたくさん稼ぐ人は成功者であり、誰もがお金を稼ぐことに関して貪欲《どんよく》になります。その結果が、今の中国の台頭や、華人が世界中で活躍していることに表れています。

小さい頃から「お金のことを口にしてはいけない」と言われ続けるのと、「お金をいっぱい稼いでね」と言われて育つのとでは、勝負は明らかです。

龍は水をつかさどっており、水は風水において金運と密接なつながりがあります。したがって、龍は金運に関して特に大きなパワーを持っています。龍が飛んで来ると、お金をバサバサと落としてくれる、とも表現されるくらいです。

黄金龍が私たちに振りまいてくれるものであるお金を、恥ずかしいもののように見なすのは、龍にとって喜ばしいこととは思えません。お金だって、自分を汚いと思う人のところには行きたくありません。

黄金龍に気持ちよく金運を授けてもらうためにも、お金に対してもっとオープンになってもいいのではないかと思います。それがお金のセンスを磨き、さらにお金との縁を深めることにもつながります。

お金で買える幸せもある

何の後《うし》ろ盾《だて》もないまま台湾に来て、現地採用で仕事を見つけて働いているTさんは、頭もいいし行動力もあるのに、いつもお金に苦しんでいるように見えました。

というのも、現地採用というのは厳しいもので、お給料や条件面は、ほぼローカルスタッフと同じ扱いになります。もちろん、地元の人はその条件で生活できているわけですから、大きな問題があるわけではありません。

しかし、日本人同士でご飯を食べに行くと、ローカルフードよりは高額な日本料理になってしまうとか、年に一回くらいは日本に帰省して、両親の顔を見たり、日本のモノを買い込んできたりしたいなど、どうしても地元の人以上にお金がかかってしまうのです。

台湾に住むすべての日本人がそうだとは言いませんが、現地採用の条件下で働いているほとんどの人の生活が厳しいのは現実です。そして、経済的な余裕がないことから、日本人同士のお付き合いがままならないとか、たまにお付き合いしても、「あの店は高いからちょっと……」などとなってしまうのです。

そんなTさんの口癖《くちぐせ》は、「お金で幸せは買えない」でした。

確かに、お金で幸せは買えません、しごく真っ当な意見です。

しかし、それは、すでにお金がたくさんある人に向けた言葉だと思うのです。

お金持ちになった人の中には、「お金持ちはエライ」と勘違いしている人がいます。別に「お金持ちはエライ」なんてことはありませんし、お金持ちになるまでの過程で、多くの人の助けや黄金龍の応援があったはずなのに、そのことを忘れ、自分一人の力でお金持ちになったような気持ちになってしまう人もいます。

そういう人は、他の人に対して傲慢《ごうまん》な態度を取ったりすることも多く、その結果、親しい友人がいなくなったり、信頼していた人に裏切られたり、家族さえも失ったりすることがあります。新たに近づいてくる人がいても、お金が目当てのような気がして、結局は誰にも心を許すことができなくなり、孤独感にさいなまれてしまうのです。絶えず疑心暗鬼《ぎしんあんき》になり、たとえ表面は華やかでも、内面では全然楽しくない毎日を送っていることも少なくありません。

最悪の場合は、大きな間違いを犯したり、窮地に陥っても、助けてくれる人や寄り添ってくれる人もいなくて、一瞬にしてそれまでの成功やお金を失ってしまう……。

こんなことにならないように、「お金で幸せは買えない」と、お金持ちに対して謙虚な気持ちを忘れないように戒《いまし》めているのです。

しかし、お金持ちでも何でもない人、ましてやお金のない人がそれを言ってしまっては、ただの負け惜しみにしか聞こえません。

そして何よりもよくないのは、「お金」や「お金持ち」に対して、ネガティブな感情を持つことです。それではまるで、お金持ちになることは意味がないかのように、自分で自分に言い聞かせているようなものです。

私はTさんに対して、『お金で幸せは買えない』というセリフは、お金持ちになってから言うように」と諭しました。

そして、「お金があることで、できること」を書き出す作業をしてもらいました。

そしたら、あるわ、あるわ、あっという間に一〇〇個を超えました。

Tさんは、本当はやりたいことがいっぱいあったのに、できない現実を直視したくないがために、心の隅に押し込めていたのです。

これでは、黄金龍だって、応援したくてもできません。本人がお金を得ることを望んでいないフリをしているのですから、勝手にお金が入ってくるようにするのは、黄金龍だってはばかられるのです。

Tさんには、お金があれば、やりたいことがずいぶん実現すること、そしてお金ですべての幸せは買えないけれど、お金で買える幸せもあることなどをお話しし、お金に対するネガティブなブロックを解きました。

もちろん黄金龍と仲良くなる方法も……。

Tさんは今、台湾にある米国系企業で頑張っていますが、実力主義の外資系だけあって、お給料はそれまでの五倍になったそうです。そして、まとまったお休みも取れるようになり、やりたいことをひとつずつ実行し、幸せな毎日を送っているそうです。「お金で買える幸せもありました」とニコニコ報告してくれたのでした。

社会全体を思いやれる人を、黄金龍は応援する

クライアントのKさんと、読まなければならなくなった雑誌を買うために、一緒にコンビニエンスストアに行きました。棚には三冊残っていましたが、そのうちの一冊は、乱暴な人が立ち読みでもしたのか、表紙が折れ曲がっていたのです。

他の二冊はきれいな状態だったので、当然そちらを買うと思っていたのですが、Kさんは何の躊躇《ちゅうちょ》もなく、その折れたほうの雑誌を手にしました。

「そちらは表紙が折れていますから、こちらを」と言いながら、きれいな方をKさんに渡そうとすると、「いいんです、これで」とKさん。

「表紙が折れていても、多少汚れていても、中を読むのには何ら影響はありません。ましてやその雑誌をずっと取っておくつもりはなく、読みたいところを読むことができれば、すぐに捨てることになるから」とKさんは言うのです。

さらに、「ほとんどの人はわざわざ折れたものを買わないでしょうから、この雑誌は最後まで店頭に残ることになり、おそらく売れ残りになると思います。でも、私が汚れたのを先に買うことで、売れ残りを出さないで済むかもしれませんからね」と。

話を聞いてみると、Ｋさんは食料品なども賞味期限切れ寸前の古いモノから買うそうです。「賞味期限が過ぎてしまうと、お店は廃棄処分にしますよね、それでは、食べ物に申し訳ないし、もったいないでしょう。お店は損をすることになります。でも、私が期限の切れる前に買うことで、それを防げますよね」と。

これも同じような理由から、そうしているとのことでした。

「あとね、なまじっか賞味期限まで時間があると、冷蔵庫の中に入れたまま、忘れちゃうことがあるんです。それで、賞味期限が過ぎて、廃棄処分……（笑）、本当にもったいないんです。捨てるのにも手間がかかりますしね。でも、賞味期限切れ寸前のモノを買えば、大体その日のうちに食べますから」

もしお客さんが皆、賞味期限までだいぶ日数のある新しいモノから買っていくとしたら、その店は商品の廃棄率が高くなり、当然その分を考慮して価格を高めに設定することになるでしょう。結局は消費者が損をすることになります。その上、より多くの食べ物を廃棄処分にしなければならなくなります。

自分のことだけを考えれば、新しいものを選んで買いたいでしょうが、社会全体のことを考えると、それは得策ではないわけです。

食品は賞味期限が切れているわけでもなく、本も破損していて読めないわけではないのですから、選《え》り好《ごの》みする必要は、本当はないのです。

黄金龍は、自分だけの利益を追う人よりも、社会全体のことを考える人のことをより応援してくれます。

実は、Kさんは、台湾や中国に何店舗もお店を持っているアパレルメーカーの創業社長なのですが、Kさんの会社の商品の廃棄率は、同業他社に比べると圧倒的に低い、と聞いたことがあります。

私は勝手に「何か特別な在庫管理の方法でもあるのかな」などと思っていたのですが、彼のこういう考え方や行動を聞いて、「あ〜、黄金龍に応援されているからだ」と感じました。

Ｋさんがどこかで賞味期限切れ寸前の食品や傷んだ本を選んで買うたびに、黄金龍がＫさんのお店の古い商品を誰かが買ってくれるように仕向けてくれているのかもしれませんね。

お気に入りの日用品がお金を呼ぶ

日常的に使用するものは、ぜひお気に入りのもので揃《そろ》えてください。それが上質なものであれば、なおいいと思います。

特別に高価なものである必要はありません。それがあなたにとって使いやすく、気に入ったものであるだけで、あなたの生活の質は向上するはずです。

切れ味の悪いハサミって、使うたびにイライラしませんか？

景品でもらった商店の名入りタオルと、お気に入りのフワフワのタオル、どちらで顔を拭《ふ》くのが心地いいでしょうか？

おいしいハーブティーを、何かの販促品でついてきたマグカップで飲むのと、思い切って手に入れた憧《あこが》れのカップで飲むのとでは、気分が全然違うのはもちろん、味さえも別物に感じられるかもしれません。

日常的に手に取るモノの使い心地が悪かったり、自分の趣味に合わなかったりすると、それらを使うたびに、ほんのわずかずつではあるものの、確実にストレスが生じます。

その蓄積が、あなたにジワジワとダメージを与え続け、ある時ドカンと大きな不調に見舞われたりします。原因を追究しようとしても、積み重なってきた一つひとつのストレスは小さなものなので、なかなか特定できず、対処のしようもありません。


反対に、お気に入りの日用品に囲まれて生活していれば、使うたびに気分が上がります。それはささやかな喜びであったとしても、毎日繰り返しそれを味わうことで、あなたの生活に対する満足感は自然に大きくなります。この満足感が、あなたの中のエネルギーになっていくのです。

もちろん、あなたがゴキゲンでいれば、黄金龍だって嬉《うれ》しくなります。飼い主が嬉しそうにしていれば、ペットのワンちゃんだって嬉しそうに尻尾《しっぽ》を振るのと同じです。あなたが気分よく過ごすことは、黄金龍を喜ばせることでもあるのです。

また、お気に入りのモノは購入する時に選び抜いたり、値が張っても奮発したりと、何かと思い入れがある分、大切に扱うはずです。

日用品に気を配り、大切に扱うということは、自分自身が大切な存在であると認識することにつながります。すると、他人にもあなたは大切に扱うべき存在と映り、他人からも、そして黄金龍からも大切にされるようになります。

さらにいえば、お金もまたモノといえます。あなたが自分もモノも大切にして日々を送るなら、当然、お金のことも大切に扱うことになります。

お金もあなたに大切に扱ってもらえれば、居心地がよく、そこにずっといたいと思うものです。お友達も連れて来てくれることでしょう。

愛着のあるモノに囲まれ、それらを慈《いつく》しみながら気分よく暮らしていると、大切に扱ってもらいたいお金は、他の誰かよりもあなたのもとに寄ってくるのです。

時間単価を意識する

どれほどお金持ちであろうと、貧乏であろうと、一日は誰でも公平に二四時間ですが、その時間あたりの単価はまったく違います。

自分の収入を労働時間で割れば、あなたの一時間あたりの単価は簡単に算出できます。お金を消費する場面では、この単価を意識する必要があります。

私は週に一回、自宅の掃除を専門業者に頼んでいます。二時間で一二〇〇台湾元（約四五〇〇円）のサービスなので、一時間あたりの単価は六〇〇台湾元ということになります。

私の労働単価はそれより高いので、掃除はプロにお金を払って任せ、その分の時間は自分の労働をして稼いだほうが得になります。

仮に、私の労働単価と掃除の単価が同額だったとしても、私は掃除を外注するほうがいいと考えます。まず、それによってお金を循環させることができるからです。すでにお話しした通り、お金は一カ所に留《とど》まらせるよりも動かしてあげたほうが喜んでくれます。

それに、私の一時間の掃除と、プロのそれとでは、質が大きく違います。どう考えてもプロのほうがきれいに仕上がります。一方で一時間の掃除による疲労度は、私のほうがはるかに大きいでしょう。

これらを考え合わせ、もし単価が同じでもプロに任せようと判断します。

移動手段についても同様に考えます。電車よりもタクシーを使ったほうが早く目的地に着く場合、料金の差額と短縮できた時間分の私の単価を比較して、私の単価のほうが上なら迷わずタクシーを使います。同額であっても、タクシーのほうがくつろげるし車内で仕事もできる上、お金も循環させられるので、やはりタクシーを選びます。

一般的に速い電車には特急料金が加算されることを考えれば、節約できる時間をお金に換算することは、特別な発想ではないといえます。

とはいえ、何もかもが時間単価で割り切れるわけではありません。

例えば、手作りのお菓子は、作る時間や材料費を考えれば、市販品を買ったほうがはるかに得であることが多いものですが、作る楽しみなど、別の価値があります。

私も無心になってお菓子作りを楽しみ、それがいい気分転換になることがあります。仮に私の労働の時間単価を五〇〇〇円とすれば、所要時間二時間と材料費一〇〇〇円で作ったお菓子には合計一一〇〇〇円のコストがかかったことになり、市販品を買うことに比べて大きく損をしている計算になります。

しかしこの場合、私はそう考えません。たった一〇〇〇円の材料費で二時間も楽しむことができて、しかもお菓子までついてきた、と考えます。世の中、いい大人が一〇〇〇円で楽しめることなどそうありませんから、なんてお得なんだろう！　と思います。

このように、自分の時間をお金に換算してみると、物事の自分にとっての価値が見極めやすくなります。

同様に、他人の時間単価のことも考慮する必要があります。一方的に相手の時間を奪うことは慎《つつし》むべきです。

私は台湾にいるせいか、知らない相手からSNSを通じて次のようなメッセージをいただくことがよくあります。

「台湾に興味があります。ぜひお目にかかって、いろいろ教えていただきたいです」

「今度台湾に行くんですけど、おすすめのおいしいお店を教えてください」

といった調子です。しかし、見ず知らずの人のために、私が時間を割《さ》く筋合いはありません。おすすめの店を教えてほしいと言われても、メッセージを書くだけでも時間を消費する上、相手の嗜好《しこう》も経済力も知らないのですから、答えようがありません。「私はあなたの検索エンジンでも、コンシェルジュでもありませんよ」と言いたくなります。

こういうことを平気で言ってくる人たちは、他人の時間は有限であり、それを自分のために使ってもらうのなら、本来は相応の対価が必要である、という認識がないということです。

待ち合わせをして遅刻するのも、一方的に相手の時間を奪うことです。

他人の時間に対して鈍感な人は、成功したりお金持ちになるにはほど遠いでしょう。自分自身の時間も無駄に扱っているから、他人の時間に対しても無神経なのです。

その点、お金持ちは、時間の対価をよくわかっています。

富豪と言われる方々のコンサルティングや鑑定を行うと、彼らは終了後の雑談の時間分さえも「先生のお時間をいただいたのですから、当然です」と、料金を支払おうとします。もちろん固辞しますが、さすがだなと思います。

私が日本に出張した時、とある成功者が会いたいと連絡してきた時も感心しました。私が台湾に戻る日に、ホテルから空港まで私を送らせてほしい。その車中で話を聞きたいというご連絡だったのです。

移動時間を利用することで私の時間の消費を最小限にするとともに、その便宜《べんぎ》をはかることで時間を割いてもらうスマートなやり方です。

時間は目に見えず、また誰にでも与えられているものなので、その使い方に無頓《むとん》着《ちゃく》になりがちです。お金に換算して価値を意識し、大切に扱うことで、自分の生活も密度が高いものになり、他人ともよい関係を築くことができます。

人間を成長させることに喜びを感じる黄金龍は、そんなあなたをますます張り切って応援してくれることでしょう。その結果、成功やお金が近づいてくるのです。

驪《り》龍《りょう》頷《がん》下《か》の珠《たま》

龍の絵や置物を見ると、龍が爪《つめ》で珠を持っていることがよくあります。この珠のことを「宝珠《ほうじゅ》」と呼びます。龍の宝物なので、この珠を奪おうとすれば、龍を本気で怒らせることになります。

このことから「驪龍頷下の珠」ということわざが生まれました。「龍のあごの下にある珠」に手を伸ばす、つまりリスクを覚悟して思い切ったことをすることにより、大きな利益を得ることを指します。

宝珠に触れようとすることは危険ではあるものの、時に必要な行為であるということ。「虎穴《こけつ》に入らずんば虎子《こじ》を得ず」に近い意味の言葉です。

もちろん「負け」が明白な勝負に挑むのは無謀《むぼう》です。しかし、周到に準備をした上で、ある程度の勝算が見込めるものであれば、やってみるべきなのです。

私たちは「現状維持」をよしとする傾向があり、変化に対して元に戻ろうとする形状記憶合金的な思考が働きます。本能として変化を拒《こば》むようにできているのです。

変化を起こせば、現状よりよくなるかもしれませんが、悪くなる可能性もあります。失敗や後悔をするかもしれないと考えれば、現状維持を選択したほうがリスクもなく、余計な労力も使わずに済みます。そのため私たちは、無意識のうちに何もしない理由、変化を求めない理由を見つけようとします。

これは、遺伝子レベルでの習性ともいえるものです。特に日本人を含む農耕民族は、住んでいる土地を離れるだけで命の危険にさらされることから、必然的に変化を避け、昨日と同じことを繰り返すことが生存戦略となりました。それが受け継がれているのです。

しかし、この変化を避ける習性によって、私たちは判断を誤ることがあります。明らかに変化が必要でも、現状を維持しようとしてしまうのです。

「ひどいパワハラに遭っていて、会社を辞めたいのですが、辞めてはいけない気がして……」などという声を聞くことがありますが、そんなことを言っている場合ではないはずです。また「起業したい」「こういうことをやってみたい」と言いつつ、一向に行動に移さない人もよく見かけます。

無謀な行動は避けるべきですが、冷静に分析し理論的に検証してみて、うまくいく可能性がありそうなら、やってみない手はないのでは？

私が会社を辞めて中国に留学しようとした時も、周囲からかなり反対を受けました。今から二五年も前のことで、当時の中国は、携帯電話どころか固定電話すら十分に普及しておらず、衛生面でも問題がありました。日本では一般的に、「中国は危ない」というイメージが強かったのです。それでも「将来、中国の時代が絶対に来る」と確信し、留学を決行しました。その結果、今の私があります。

当時、周囲の人たちは、私のことを思って反対してくれたはずです。しかしそういう人たちこそが、往々にして「ドリームキラー」となります。夢の実現を阻《はば》む「ドリームキラー」には、善意的ドリームキラーと悪意的ドリームキラーの二タイプがあり、前者のほうが実は厄介です。

嫉妬などから意識的にあなたの足を引っ張ろうとする、悪意的ドリームキラーは無視すればいいのですが、あなたのことを心配しているがゆえに、変化してほしくないと望む善意的ドリームキラーに対しては、なかなかそうもいきません。

もしあなたが何か変わったことをしようとする場合、必ずといっていいほど善意的ドリームキラーが出現します。それはまた、あなた自身の中に存在するドリームキラーである場合もあります。

しかし、世の中で成功している人のほとんどは、どこかで「驪龍頷下の珠」を狙《ねら》った経験があるものです。ドリームキラーに打ち勝ち、リスクを覚悟して行動した。それによってしか得られない成功や幸せは、確実に存在します。

あなたも思い切って、黄金龍の珠を手に入れてみませんか？　黄金龍だって、あなたがその宝珠を持つのにふさわしいと思えば、喜んで渡してくれるはずですよ。

第六章

黄金龍に一生応援してもらえる人になるために

黄金龍の応援を受けるために全力でやるべきこと

黄金龍のおもな仕事は、私たち人間を救い、幸せにすることです。つまり龍はあなただけでなく、この世の人みんなを幸せにしなければならないという、大変な任務を負っています。

あなたが「自分さえ儲《もう》かればいい」という考えでビジネスをはじめたら、それはうまくいかないでしょう。たとえうまくいっても長続きはしないはずです。

なぜなら、あなたが儲かっても、その分誰かに損をさせているとしたら、あなたは幸せでも、他人は不幸になっているからです。それでは龍は困るのです。結果として、そのビジネスでは龍の応援は期待できないことになります。

反対に、あなたも幸せになれて、まわりも幸せになれることなら、龍にとっても応援したい案件になります。ひとつのことを応援するだけで、たくさんの人が幸せになるのですから、龍にとっては効率がいい。したがって、自分だけでなくまわりのことも考えて行動するほうが、あなた自身にとっても得になるのです。

例えば、化粧品のビジネスを立ち上げるとして、「この分野はいつも景気がいいし、資本金が少なくても参入できるし、当たれば大きい」という考えだけではじめるのと、「みんなにきれいになってもらいたい。きれいになることで幸せになれるのだから」という思いではじめるのとでは、結果がまったく違ってきます。

ビジネスである以上、利益を上げなければならないのは当然ですが、利益の追求と人を幸せにすること、どちらを優先するのかによって龍の応援度合いは変わります。

自分さえよければ、という利己的な姿勢ではうまくいきません。自分もお客様も、そしてスタッフや取引先もよくなりますように、というまわりを思う気持ちが龍の応援を呼び、成功につながるのです。

同時に、他人が成功したり、富を得ることを想像してみてください。

私たちは、他人の身に起きていることでも、自分のことのように感じてしまう習性があります。この「同調」により、悲しいニュースやかわいそうな話を聞くと、自分まで苦しくなり、明るいニュースや素敵な話を聞けば、自分もワクワクしてきます。ドラマや漫画などに対しても、フィクションとわかっていても感情移入してしまいますよね。それは、私たちの潜在意識には自分と他人に起きたこと、あるいはフィクションとノンフィクションの区別はなく、快なものは快、不快なものは不快と受け止めるからです。

この習性を利用して、ワクワクするような話がやってくるのを待つのではなく、自分の中でつくり出してしまいましょう。

最初は自分自身やまわりの人からでいいので、その人たちが成功したり、豊かになって幸せに暮らしている様子を想像してみます。そうすることで、潜在意識がそれに同調し、無意識のうちに成功や豊かさ、幸せに結びつくように動き出していきます。

あなたの近くに、資格試験合格に向けて頑張っている友人がいたら、その人が合格通知を手にして喜んでいる姿を想像してください。仕事で独立するために必死になっている知人がいたら、その人にどんどん仕事が入ってきて、楽しそうに取り組んでいる様子を思い浮かべてください。

これは、引き寄せの法則の高等テクニックです。一般的に引き寄せの法則とは、「自分の願望を強く本気で願えばかなう」というものです。もちろんそれも重要なのですが、実は他人の願望がかなうように願うほうが高い効果が得られるのです。

自分のことばかり願うよりは、他人の幸せも願うほうが、当然ながら龍から見て素晴らしい行いです。

自分が持っているパワーを、自分のためだけでなく他人のためにも使える人は、その心の余裕や優しさがある分、結果的に願望を実現しやすくなります。他人の成功を本気で願っていれば、心で願うだけでなく、できる限りのことはしてあげようと、自然に行動もするはずです。それによって、あなたの願望の実現率も上がっていきます。

そして、自分のことから身近な人、そして見知らぬ誰か、世界中の人の幸せまでも本気で願い、その実現が想像できるようになったなら、あなたの成功や富は約束されたようなものでしょう。

本気で「できる!」と思い込む

多くの人が、「思い込み」によって自分の行動や考えを縛《しば》っています。

その「思い込み」の多くは、親や先生などの年長者、あるいは社会や常識、環境によって植え付けられたものです。

専業主婦のFさんは、母親からずっと「あなたには何の取《と》り柄《え》もない」と言われて育ちました。しかし心のどこかに「自分で何かビジネスをしてみたい」という思いがあり、思い切って私のコンサルティングを受けに来ました。

ところがFさんは私に対して、ビジネスが「できない」理由ばかりを述べるのです。彼女の中に「自分は何もできない」という思い込みがあり、それが邪魔をしていると感じた私は、その邪魔をひとつずつ潰《つぶ》していきました。

「何の取り柄もないんです」↓「料理がお上手なんですよね」

「普通の主婦なんです」↓「ビジネスをしている主婦の方はたくさんいますよ」

「経理とか全然わかりません」↓「経理のプロに任せればいいんです」

「ホームページとかつくれません」↓「まずはブログで十分です」

そして最終的に、できない理由はただの思い込みだったことに気づいてもらえました。「思い込みブロック」が外れたFさんが立ち上げたビジネスは、三年経《た》った今も順調に回っています。

押しつけられた思い込みに縛られていては、何もできません。外部から与えられた思い込みによって、あなたの無限の可能性が制限されているとしたら、とてももったいない話です。

一方で、この「思い込み」を利用して、逆にあなたの可能性を広げることもできます。

「できない」と植え付けられた思い込みによって、できなくなってしまう。だとすれば、「できる」と思い込めば、できてしまうということです。

そもそも、人は絶対に不可能なことについては、はなから「できる」とか「やろう」などとは思わないものです。

可能性が少しでもあるからこそ「やろう」と思うわけで、あなたが何かについて少しでも「やりたい」と思うとしたら、それはできることなのです。

普通の大人が「宇宙飛行士になりたい」とは、まず思わないでしょう。野球をまったくやったことがない人が、アメリカのメジャーリーグの選手になりたい、などとは思いもしないはずです。

同じように、五〇歳を過ぎた人が「歌手としてメジャーデビューしたい」とは、普通は思わないものです。常識的に考えれば、ほぼ不可能だからです。実際、私は大変な音痴《おんち》なので、そんなことはまったく思いもしません。

ところが、歌手の秋元順子《あきもとじゅんこ》さんは、六〇歳近くになってからメジャーデビューを果たし、NHKの紅白歌合戦にも出場しています。

音痴の私は歌手になろうとは思いませんが、歌がうまくて好きだった秋元さんは「なりたい」と思ったわけです。そしておそらく、思っただけではなく「なれる」と思い込んだはずです。不可能ではないことだからこそ「できる」と思い、実際、不可能ではありませんでした。

そんな私も、五〇歳近くになって突如「フルマラソンを走りたい」と思い立ちました。

運動は好きなほうとはいえ、普段から走っているわけでもなく、普通に考えれば無理でしょう。でも私は「走れるかも」と思えたのです。思えるということは、可能性がある！「私は絶対に完走できる」。本気でそう思い込みました。

そして、初マラソンにはきつい難コースとも知らず、那覇《なは》マラソンにエントリー。しかも当日は大雨という最悪のコンディションの中、結果を言えば、制限時間内に無事完走できました。まさに思い込みの勝利です。

繰り返しますが、少しは可能性があるから「やりたい」と思うのです。あとは、信じることです。本気で「できる」と思い込むだけです。

思い込みは、あなたの行動を制限もする反面、あなたの可能性を無限大に広げることも可能なのです。世の中の成功者の多くは、この思い込みをうまく利用して成功しているのです。

黄金龍の役目は、私たちを幸せにすることです。その私たち自身が、自分の可能性を広げ、幸せに近づこうとすることは、龍の仕事を助けることになります。

たくさんの人間を担当している龍の立場からすれば、仕事が進みやすい人ほど肩入れしたくなるものです。

あなたが何かについて、本気で「できる」と思い込んだ時、その実現に向けて、黄金龍は力強くあなたの背中を押してくれることでしょう。

人間の器《うつわ》を今より大きくする方法

私たちには、それぞれに「器」というものがあります。一般的に、自分の器を超えたことには対応できません。

例えばある課長が、一〇人の部下までなら上手に管理できるとしたら、この課長の管理能力の器は一〇人。そして部下が一二人に増えると、急にその課はおかしくなります。

その結果、何人かが辞めて補充をしたとしても、一〇人までならその課は順調にうまく回ります。しかし一〇人を超えると、とたんにまたおかしくなります。このように、その課は一〇人の壁を超えることがなかなかできません。超えるためには、課長が何らかの努力をすることで、自身の器を大きくするしかないのです。

器とは、まさしく入れ物のことで、その器の容量以上のものを入れようとすると溢《あふ》れてしまいます。

一般的に言われる「器の大きい人」とは、ひと言でいえば「心に余裕がある人」のことです。

世の中には、自分とは異なるものも含めて、多種多様な価値観や考え方がありま す。心に余裕がある人は、それらの存在を認め、尊重することができます。自分の考えとは違うからといって、拒絶したり頭ごなしに否定したり、バカにしたりはしません。

迎合するわけではなく、「そういう考え方もありかもね」と受け止めることができるのです。その結果、周囲からの人望も厚くなり、物事をスムーズに進めることが可能になります。

また、心に余裕があることで、何かトラブルに遭遇した時もパニックに陥《おちい》ることなく、冷静沈着な態度で対応でき、常に的確な判断を下すことができます。判断を誤らない、ということは、成功したりお金持ちになるためには必須の能力です。

では、どうしたら器を大きくすることができるのでしょうか。

黄金龍と対話することは、心の余裕につながります。迷ったり悩んだりした時は、黄金龍からのメッセージに耳を傾けようとすることで、やみくもに焦《あせ》ったり、落ち込んだりすることが少なくなり、冷静さを保てるようになります。

また、黄金龍からのメッセージによっていろいろな気づきを得ることで、考え方の幅が広がり、いろいろな価値観を受け入れやすくなります。結果として、器を大きくすることに結びつきます。

それ以外の簡単な方法としては、器の大きい人を真似《まね》ることです。もし身近にそのような人がいたら、どこが自分と違うのかを観察し、その部分を意識して真似るようにするといいでしょう。

もうひとつ、おすすめなのは本を読むことです。本を読むことの大きな効用のひとつは、自分が知らない世界を知ることができるということです。

私たちは日々、いろいろな経験を通して多くのことを学んでいますが、私たちが経験できることには限りがあります。

本には他人が経験したことや考えたこと、感じたことが書かれています。本を読むことで、それらの経験や知識を取り込み、実生活で未経験の事態に遭遇しても、本から得た経験や知識を参照して、対応することが可能になります。

自分とは異なる価値観や考え方にも、本を通して触れることができます。読書は知識を豊富にするだけでなく、判断力や想像力、思考力も含め、視野を広げてくれます。このように読書は、間違いなく器を大きくするのに役立ちます。

嫉妬心《しっとしん》を祝福する気持ちに変えて

私たち人間には、嫉妬という感情があります。

これは幼い子どもやペットの動物にさえも見られる感情で、誰しもまったく持たずにいることは難しいものです。

とはいえ、この嫉妬の感情を上手にコントロールしなければ、お金からも遠ざかってしまう可能性があります。


友人が突然成功して高級車を手に入れたり、玉の輿《こし》に乗って高級ブランドの服やバッグを身につけているのを見て、心がザワザワしたり、面白くないと感じる……。

このような嫉妬心は、自分も高級車に乗りたい、ブランド品が欲しい、豊かになりたいという願望が心にあるから生じるものです。しかし、嫉妬心があると、その願望をかなえることは難しくなります。

というのも、嫉妬心には、相手が手にしているものを「自分は手に入れられない」というネガティブな感情が含まれているからです。自分でも簡単に手に入れられるものに対して、嫉妬心が起きることはまずありません。

一般に「引き寄せの法則」では、心から手に入れたいと願い、なおかつ手に入ると信じているものは引き寄せることができるとされています。しかし、いくら必死に「私は豊かになる」「私は高級車を手に入れる」と願い、引き寄せの法則を発動させようとしても、嫉妬心がある以上「私には手に入れられない」という思いが根底にあるのですから、なかなか引き寄せられないということになります。

また、嫉妬心というネガティブな感情は美しくなく、龍にとっても好ましいものではありません。そのため、嫉妬心にとらわれている人は、龍も応援しづらいのです。

嫉妬心が起きそうになったら、それを祝福という、龍が好むポジティブな感情に変えてしまいましょう。

あなたが持っていないものを誰かが持っていたら、自分にもそれを持つ能力は十分にあるのだと心から信じてください。そう信じられたら嫉妬心を生じさせずに済みます。

すでに高級車に乗っている人は、他人が高級車を手に入れても嫉妬することはありません。同様に、自分は今、高級車を所有していなくても、いつでもそれを持つことは可能だと思えれば、手に入れた人に対して素直に「よかったね」と祝福できるでしょう。

あなたの周囲の誰かが経済的に豊かになり、素敵な生活を満喫している様子に接したら、心から祝福してあげてください。そして、その様子は近い未来の自分の姿を映し出したものだと考えてください。

自分のなりたい姿をリアルに見せてもらえることで、自分の願望を明確にしやすくなります。さらに、その姿に独自のエッセンスを加えて、より自分好みの未来図を思い描いてみてください。何だかワクワクしてきませんか？

嫉妬心を持つと心がザワザワしますが、祝福する気持ちを持つとワクワクしてくるのです。

ワクワクしている人のところには、お金がどんどん集まってきます。他人の成功や富に対して、心から「よかったね」と思えるのは、あなたもそうなれるという「予告」なのです。

黄金龍は、あなたにとって何がベストかを知っている

人生を送る中で、人は当然ながらいろいろなことに悩んだり、障害にぶつかったりします。そして、困難を承知で行動しなければならない時や、苦渋の決断を強《し》いられることもあります。

しかしそんな時は、黄金龍にお願いすればいいのです。

「黄金龍様、どうかうまくいきますように、応援のほどよろしくお願いいたします」と。

黄金龍は、私たち人間を助け、神様との橋渡しをするのが仕事ですから、頼られることを大変喜びます。頼ってもらうことは、自分を信頼してくれた証《あかし》ですから、ひと肌もふた肌も脱いであげよう、と思ってくれるのです。

ですから、困難な時こそ、黄金龍にお願いしてみましょう。そしてお願いした後

は、余計なことをあまり考えずに自分ができる最善を尽くし、結果が出るのを待てばいいのです。

簡単なことであれば、黄金龍がチョコチョコっとかなえてくれるかもしれませんし、案件によっては、神様に伝えてくれるかもしれません。

もちろん、自分が望むような結果と違う結果になる場合もあるでしょう。

そんな時、「ふん、黄金龍なんて、この世にいるわけがないわ」とか、「どうせ私の願いなんか聞いてくれない」などと、ふてくされてはいけません。

黄金龍は、あなたの願いをすべて聞き入れてくれるわけではありませんが、あなたを冷たく扱うようなこともありません。あなたにとって何がベストかを探っているのです。

もしかしたら、あなたの願いはあなたのエゴがいっぱい詰まった単なるワガママだった、ということはありませんか？

もしそうだと気づいたなら、あなただけのエゴにならないように、願いをアレンジしなければなりません。その願いがかなうことで、あなただけではなく、ほかの人や世の中のためになるように、と考えてみてください。

あるいは、今はまだ、その時期ではなかったのかもしれません。

その時は自分の願いがかなわなかったとしても、しばらくしてから「あの時はあれでよかった」と思えることがあるものです。黄金龍はあなたよりももっとたくさんのことがわかっていますから、その願いがかなわないのは、あなたのためを思っての計らい、ということもあります。

先日こんなことがありました。私は海外旅行の予定を立て、航空券も購入していました。ところが、強い台風が近づいていて、もし旅行に行ってしまったら、予定通り台湾に戻れそうもありませんでした。

帰国翌日には大事なアポがあったので、その日に戻ってこられないと大変です。私は必死に黄金龍にお願いしました。

「とても楽しみにしていた旅行です、お願いですから台風の勢力を弱めてください」

と。

しかし、一向に台風の勢力は弱まる気配がなく、いくら天気図を眺《なが》めても帰国予定日に台湾直撃ですから、予定通り戻るのは不可能に思えました。

出発の前日まで悩みましたが、しぶしぶ旅行を取りやめました。

その翌日のこと。本来なら空港で搭乗を待っているはずの時間に、一本の電話がかかってきたのです。それは、私がずっと会いたいと思っている方の秘書からでした。

「今からならボスは時間が取れますが、すぐにこちらまでいらっしゃることができますか？」というのです。もちろん二つ返事で飛んで行きましたが、これがもし空港で搭乗前だったとしたら、その方にお会いすることはできなかったわけです。

黄金龍が私の願いを聞き入れてくれず、旅行に行けなくなったのは、このためだったのね、と思わず納得。

この後、台風はそれたので、もし旅行に行ったとしても、無事に予定通り帰ることはできました（苦笑）。それでも、ずっと会いたいと思っていた方にお目にかかれたのですから、黄金龍の計らいに感謝したことでした。

真の成功者は人の幸せを祝福できる

台湾のロータリークラブ主催の玉山《ユイシャン》登頂ツアーに参加させていただいたのですが、そのための練習会が事前に何回かありました。

玉山とは、富士山よりも高い台湾一の標高の山で、日本統治時代には新高山《にいたかやま》と呼ばれていました。それだけの高山ですから、本番に備えて参加者が集まって、近隣の山で訓練するわけです。

本番前の最後の練習会で、たまたまJさんとお話ししたのですが、Jさんは登山が大好きで、過去に二回も玉山登山を申し込みましたが、ダメだったそうです。

玉山は自然保護等の理由から、一日あたりの人数の入山制限をしており、人数オーバーの際は抽選となりますが、じつはこれがなかなかの激戦なんです。

しかし「今回は三度目の正直で、しかもロータリークラブの仲間と登れるので、大変嬉《うれ》しい」とJさんはおっしゃっていました。

普段から登山しているJさんはとても健脚で、その練習会の時も年配者や初心者の荷物を持ったり手を引いたりと、登山のベテランとしてふさわしい行動をとっていました。

ところが、その練習会の終わりかけの頃、突然大雨が降ってきました。ゆっくりめの人に歩調を合わせていたJさんは、その大雨に思い切り打たれることになってしまいました。それが原因かどうかはわかりませんが、その後Jさんは風邪をこじらせて入院する羽目になってしまい、あんなに楽しみにしていた玉山登山を断念することとなりました。

普通だったら、いいかげん腐ると思いますし、登れるメンバーに対して嫉妬心が起きても不思議ではありません。ところがJさんは、自分が参加できないとわかるやいなや、私たち登山メンバー全員にTシャツをプレゼントしてくださり、私の代わりにこのTシャツを玉山に連れて行ってください、と……。また、その登山メンバーでつくっているライングループでも皆を応援するメッセージを何度も寄せ、また、メンバーが投稿する山頂の写真に感嘆の声をあげたりしていました。

三度目の正直で本当に行きたかったでしょうに、このＪさんの行動は、まさに嫉妬を祝福に変えているように思いました。

Ｊさんの言動を見て、やはり成功者はこうなんだ、と改めて実感した次第です。

黄金龍は、このような行動や心の機微をちゃんと見ていてくれます。普通なら嫉妬してもおかしくない場面にもかかわらず、他の人の幸せを祝福する……。黄金龍にしてみたら、いじらしくて仕方ありません。間違いなく近い将来、何らかのご褒美《ほうび》がもたらされることでしょう。

怒りを許す

黄金龍は猛々《たけだけ》しいイメージに反して、優しく親しみやすい性格です。ですから「怒り」という感情は、黄金龍には似つかわしくありません。

「怒り」によって、人間関係に支障をきたすなどのマイナスの経験をしたことは、たいていの人にあるはずです。怒りに振り回されて冷静な判断力が失われ、お金や信用などを失墜することもあります。

「怒り」で損をすることはあっても、得をすることはありません。

その「怒り」をコントロールするために、私自身が実践しているのは、まず自分がどんなことに対して怒るのかを、事前に分析しておくことです。

あなたはどんな時に怒りの気持ちが湧《わ》いてくるでしょうか？　理不尽な目に遭《あ》った

時、自尊心を傷つけられた時、失礼な言動をされた時……。

自分の「怒り」のポイントを前もって知っておくと、その状況に遭遇した時、「おっ、私の怒りのポイントにきたな」と、客観視して冷静に受け止められることもあります。「このせいで私は怒っているのだ」と俯瞰《ふかん》でとらえることができれば、怒りにまかせた行動を取らずに済みます。

それでも「怒り」の感情が湧き上がってしまった時には、それをなだめるために、すべてを「許す」のです。

口先だけでもかまわないので、「私はあなたを許します」と唱《とな》えましょう。何度か唱えているうちに、その言葉に思考が同調してきて、徐々に「怒り」の感情がおさまってきます。

ひとまず「怒り」の感情がおさまりさえすれば、その後は冷静に「怒り」の原因について考察することができるようになります。その頃には、だいぶ「怒り」は薄れているはずです。

もちろん人間ですから、「怒り」をゼロにすることは難しいのですが、怒るとしても一瞬（一〇秒以内で）怒ってから、すぐに「許します」と唱えるようにします。一瞬の「怒り」であれば、マイナスには至らずに済みます。

また、過去に起きたことに対しての「怒り」が、いつまでも自分の中にくすぶり続けている、ということもあるのではないでしょうか。

そのことを思い出しただけで、キーッと腹立たしくなり、動悸《どうき》が激しくなったり、ムカムカしてくるとしたら、あなたはまだそのことについて、許すことができていないということです。

私たちの意識においては、過去のことも未来のことも区別なく、現在のことと同じように受け止められ、そのすべてに等しく感情を揺さぶられます。

そのため、嬉しかったことは、昔のことであっても思い出しただけでニコニコできますし、未来の楽しいことに対しても、想像しただけでワクワクできます。このようなプラスの感情であればいいのですが、「許せない」というマイナスの感情もまた、放置していればいつまでも生々しいまま存在し続けることになります。

過去の許せない出来事に対しても「許します」と唱えてみましょう。何度も繰り返し唱えてください。口に出して唱えることで、マイナスの感情から解放されます。心の奥に溜《た》まった澱《おり》がなくなるのです。

もちろん最初は簡単ではないでしょう。なかなか「許す」という境地にはなれないかもしれません。とりあえずは口先だけでもかまわないので、「許します」と唱え続けましょう。

続けていくうちに、だんだんどうでもよくなってくるはずです。どうでもよくなったということは、もはや感情を乱されないということですから、許せたことになります。

他人に対してだけでなく、自分に対しても、何らかの「怒り」を感じていることもあるかもしれません。「許します」と言い続けることは、自分自身をも許すことにつながります。口に出したことや思考は現実化すると言われます。

「許します」という言葉の対象は限定されないので、その言葉が現実化して許される対象には、自分自身も含まれるのです。

「怒り」を許すことで、自分の中のマイナスエネルギーがなくなり、プラスのエネルギーが増えていきます。それによって、お金も成功もこぞってやってくるようになるのです。

ゲンを担《かつ》ぐ

試験やコンペなど勝負に「勝つ」ために前日にトンカツを食べる、といった「ゲン担ぎ」をした経験は、あなたにもあるのではないでしょうか。

「○○をすればうまくいく」というゲン担ぎは、あながち気休めとはいえません。実際にそれをしてうまくいった成功体験があることにより、同じことをすると自信を持つことができ、本来の実力を発揮しやすくなるのです。

また、ゲンを担ぐということは、すなわちポジティブな暗示や「思い込み」です。それによって自分の中のエネルギーが高まり、場合によっては実力以上のパフォーマンスを発揮できることもあります。

私のクライアントである台湾のプロ野球リーグの投手は、登板日には必ず赤いパンツを穿《は》くと言います。ピンチの場面でも「赤パンを穿いているから大丈夫」と自分に言い聞かせ、心を落ち着かせるのだそうです。

故・田中角栄《たなかかくえい》元首相は、洋酒はスコッチウイスキーの「オールドパー」と決めていたといいます。オールドパーのボトルが、斜めに傾けて立てても倒れないことにちなんだゲン担ぎです。

また、シャープを買収した台湾企業、鴻海《ホンハイ》の郭台銘《グオタイミン》会長のゲン担ぎは「金色のスカーフ」です。彼が重要な商談や契約の時に身につけている金色のスカーフは、『三国志』に登場する武将・関羽《かんう》にちなんだもので、それを表す言葉が書かれています。

大事な場面でこの金色のスカーフをまとうことで、台湾ではビジネスの神様として崇《あが》められている関羽のパワーをいただける、と考えてのことです。

彼らのような成功者は、現実的に物事を考え、迷信やジンクスなどは受け入れないと思われがちですが、意外なほど「目に見えない力」を大切にしています。それはおそらく、成功の過程において、何か特別な力が作用したとしか考えられないような、不思議な体験をした人が少なくないからでしょう。

また、何らかの自己暗示によって、十分な実力、あるいは実力以上の力が発揮できたり、不安や恐怖をやわらげられたりすることを、体験的に知っているからでしょう。

養龍することもまた、「ゲン担ぎ」と同様の効果を得られるものです。黄金龍をそばに置き、その応援を信じることが自己暗示となり、さまざまな場面で力を発揮することができます。それによって、ますます黄金龍の応援を強く信じられるようになるでしょう。

そしてある時、自己暗示の効果というだけでは説明できないような、大きな力の後押しを、はっきりと感じられることがあるかもしれません。最初は「ゲン担ぎ」のつもりだったとしても、いつしか黄金龍が本当にあなたを応援してくれていることに気づくはずです。

お願いは明確に

神様と私たち人間の「橋渡し」を担《にな》う黄金龍は、西洋の天使と同じように、神様からの伝言を私たちに届けたり、私たちのお願いを一緒に神様に頼んでくれたりします。

黄金龍にお願いを伝える上で、大事なポイントがあります。

あなたは、自分のお願いしたいことが明確にわかっているでしょうか？

愚問と思われるかもしれませんが、自分自身で何をお願いしたいのか、はっきりわかっていない人は案外多いのです。

本人がよくわからないまま、漠然《ばくぜん》とお願いしていたのでは、黄金龍だって神様に伝えるのに困ってしまいます。

「いい仕事に就《つ》けてください」と言っても、何が「いい仕事」なのかは人によって違います。ある程度激務でも責任のある仕事で、やりがいを感じられるのが「いい仕事」と考える人もいれば、とにかく楽で責任の少ない仕事、あるいは素敵な異性の多い職場で働くことが「いい仕事」と思う人もいるでしょう。

ひと言で「お金が欲しい」と言う時の「お金」にも、借金を返済するためのお金、次の休暇で旅行に行くためのお金、あるいは一生暮らしに困らないだけのお金など、さまざまな種類があります。

つまり、「自分はいったい何を望んでいるのか」をはっきりさせることが重要なのです。それを明確にした上で、黄金龍にお願いするようにします。

あなただって、友人から「仕事を探しているんだけど、何かいい仕事を紹介して」と頼まれても、職種や勤務地、給与など細かい希望条件を教えてもらわなければ、協力のしようがありませんよね。黄金龍も同じなのです。

自分できちんと細かい希望条件まで設定してから、黄金龍にお願いしなければなりません。この設定が不十分だと、龍がせっかく神様にお願いを伝えてくれても、あなたの真意から少しずれて伝わってしまう可能性があります。その結果、神様が助けてくださっても、何となく「望んでいたものと違う」と感じることになったりします。

そもそも、自分のお願いを明確にできた時点で、そのお願いは半分かなったも同然です。

私たちは、自分がどうなりたいか、何が欲しいかがはっきりわかれば、無意識のうちにそれを実現するための行動を取るようになるのです。「引き寄せの法則」が作動する、ということですね。

もちろん、「お願いしたから大丈夫」と他人任せにせず、自分自身でも日々努力することが必要なのは、いうまでもありません。

「試験に合格しますように」とお願いしておきながら、何の勉強もしないとしたら、それはさすがに虫がよすぎるというものです。

黄金龍はあなたのお願いを神様に伝えるだけでなく、あなたの行動までも、併せて神様に報告します。お願いと並行して自分でも頑張ってこそ、力を貸していただけるということを忘れてはいけません。

もうひとつのポイントは、お願いの本質が、自分だけでなく周囲の人のため、ひいては他者や社会全体のためになるものかどうかということです。

「お金持ちになりたい」と願うなら、そのお金で何をしたいのか、何ができるのかということまで考え、それが最終的に世の中のためになることにつながっているかどうかが重要です。

お金持ちになったら学校をつくりたい。寄付をしたい。気持ちと時間に余裕ができる分、ボランティア活動をしたい。そのように考えが明確であればベストですが、願う段階では漠然としていてもかまいません。「よい人間になります」という意識さえしっかり持っていれば大丈夫です。

例えば「留学したい」という願いがあるけれど、それがどう世の中に役立てられるのかは、現時点ではわからないとします。でも「私はよい人間になります」と絶えず思っていれば、おのずとあなたは世の中に寄与するようになるはずです。

当然ながら、世の中のためにならないことや、よこしまなことに対して黄金龍が応援してくれることはあり得ません。

もし、どれほど真剣に願ってもまったくそれがかなわないとしたら、その願い事は世のためにならないこと、あるいは単なるエゴでしかないのかもしれません。

お願いをする前に、その願いの先にあるものに思いを巡らせてみることが大切です。

感謝の気持ちを言葉にする

成功者は「ありがとう」という感謝の言葉をよく使います。特に自分よりも立場が下の人に対しては、より頻繁《ひんぱん》に使います。

部下に「頑張ってくれてありがとう」、お店の人に「よいサービスをしてくれてありがとう」というふうに。

本来、するのが当たり前のことに対しても、「ありがとう」とわざわざ言ってもらえると、誰でも嬉しいと感じ、自然にやる気が湧いてくるものです。

感謝の気持ちを伝えられると、オキシトシンと呼ばれるホルモンが分泌《ぶんぴ》されます。このホルモンは、人への信頼感や親近感が増すという作用があるのだそうです。

つまり、「ありがとう」と言われると、嬉しく安らかな気分になるだけでなく、そう言ってくれた相手に対する信頼が深まるのです。

どんな小さなことでも感謝する気持ちを持つことで、感謝された相手は気持ちよく感じて、無意識のうちに、またあなたに感謝されるようなことをしてあげたいと思うようになります。

黄金龍だってそうです。何かが順調に行った時、あなたが「龍さん、ありがとう」と感謝すれば、黄金龍だってまんざらではありません。自分に感謝してくれる人は、かわいいのです。次回もあなたのためにひと肌もふた肌も脱ごう、という気持ちになって応援してくれるというものです。

感謝の気持ちをたくさん持つことは、成功や幸せへの近道となります。

また、感謝の言葉にはそれ自体にパワーがあり、「ありがとう」を何度も口にすることによって、「引き寄せの法則」で成功や幸せが現実化します。

もしあなたが「ありがとう」という言葉を多用していれば、「ありがとう」という感謝の念に波長が合うようになります。その結果、感謝するような出来事、「ありがとう」と言うべき場面、気分がいい出来事が頻繁に起こるようになるのです。

感謝の感情とネガティブな感情は、同時には生じません。怒りながら感謝することは不可能ですし、人を妬《ねた》みながら同時に感謝することはできません。

つまり、「ありがとう」をたくさん言うことで、感謝の気持ちに波長が合うと、ほかのマイナス感情をあなたの中から締め出すことになります。

私自身も、なるべく「ありがとう」と言うように心がけています。人に対してだけでなく、どんなものにでも。

かわいい猫に向かって「ありがとう」。きれいな景色を見て「ありがとう」。おいしいものを食べて「ありがとう」。

何に対しての感謝なのかはわからなくてもいいのです。おいしい料理をつくってくれたシェフに対してなのか、お店に連れて来てくれた人に対してなのか、あるいは、それが食べられる経済力に対してなのか。「何に」「誰に」なんて気にする必要はないのです。何はともあれ「ありがとう」。

もちろん、人前で猫や料理に「ありがとう」と言っていると、不審に思われるかもしれませんから、そういう時は心の中でつぶやきます。こうして感謝の気持ちを量産するようになってから、おかげさまで私の人生は順風満帆《じゅんぷうまんぱん》です。まさに「ありがとうございます」と言わずにはいられません。

常々私が気になるのは、謝罪だけでなく感謝の場面でも、「すみません」という言葉が多用されていることです。もちろん間違いではありませんが、感謝に関しては「すみません」よりも「ありがとう」を使ったほうが、ストレートに感謝の気持ちが伝わると思いますし、言われたほうも気持ちがいいはずです。

感謝の気持ちは、黄金龍の大好物です。黄金龍が神様から分けてもらうエネルギーは、人間の感謝の気持ちによって、より強力になるといわれます。

私たちが感謝の思いを持つことによって、黄金龍はより活動しやすくなり、それによってますます私たちを強力に応援してくれるようになるのです。黄金龍と、黄金龍が救うべきすべての人、そこに含まれる自分自身のために、日々の中で「ありがとう」をもっと増やしてみませんか？

おわりに

私の高校時代という古い話で恐縮ですが、体育祭の仮装行列で「龍の舞」を学年全員で演じることになりました。ストーリーは、悪者の龍がヒーローにやっつけられる、という単純なものです。私の高校は横浜にあったので、中華街の華僑《かきょう》さんに本場の「龍の舞」について教えを請《こ》いに伺いました。

快く受け入れてくださった華僑さんたちですが、そのストーリーを聞くやいなや、突然の豹変《ひょうへん》、「教えない！」と言いだしたのです。彼ら曰《いわ》く「中国人にとって龍は永遠のヒーロー。それが悪者として扱われ、やっつけられる、などという内容では教えるわけにはいかない」と。

困った私たちは、龍がヒーローになって悪者をやっつける、というように内容を変更し、なんとか「龍の舞」を教えていただくことができました。

彼らにとっては、たかが体育祭の出し物であったとしても、龍が悪者でやっつけられるなどというのは、受け入れられない話だったのでしょう。なにせ龍は、中国四〇〇〇年の有史以前からの永遠のヒーローなのですから。

しかし、まだ高校生だった私は、「中国人って大人気《おとなげ》ないなぁ」とひそかに思ったのでした。

さて、私自身の台湾をはじめとする中華圏での生活は、そろそろ四半世紀にもなろうとしています。今ならもう彼らのその気持ちは痛いほど理解できます。彼らは本当に龍が大好きで大好きでどうしようもないのです。

だから、台湾や中国をはじめとする華人が多い国では、とにかくあちこちで龍を見かけます。そして、地名や人名、商品名などにもよく「龍」という文字が使われているのです。

いつしか彼らと同じように、龍が大好きになり、気がつけば黄金龍を飼い（養龍）、黄金龍に話しかけている私がいました。

本書の中では、私が黄金龍や台湾人から教わった龍の習性をはじめ、お金に好かれ、成功する方法をわかりやすくご紹介しています。

あなたもぜひ、黄金龍を飼ってみませんか？

あなたが龍の存在を信じ、この本に書いてあることを真面目《まじめ》に実行していただければ、間違いなく黄金龍はあなたの元にやってきてくれます。

そして、お金でも仕事でも恋人でも健康でも……あなたが望むものを手に入れ、そして素敵な人生が送れるように、龍は惜しみない力を貸してくれるはずです。

ペットの飼い主が集まって、犬や猫など、それぞれのペットを自慢し合うように、いつかあなたと私で、「龍自慢」をいたしましょう。

戊戌年《つちのえいぬ》　丁酉月《ひのととり》

台北にて　**龍羽ワタナベ**

〈著者略歴〉

龍羽ワタナベ（りゅうは・わたなべ）

台湾在住の実業家兼占い師。横浜市出身、青山学院大学卒業。

中国・暨南大学への留学を経て、1997年に台湾で起業。台湾で初の「占いの館」や、クラブ、バーの店舗経営、フリーペーパーの出版のほか、現在では台湾進出企業のコンサルタントなども行なっている。

台湾でもっとも占いが盛んな台北において、「占いの館」の主幹として数十人の占い師を束ねるその実力は、“台湾 No.1 女性占い師”として名高い。台湾元総統李登輝氏の手相鑑定をはじめ、自らの経験をいかした経営者視点のアドバイスは、台湾政財界の重鎮、日系企業の台湾支社長、プロスポーツ選手、芸能人まで広く支持されている。Yahoo!、楽天、so-netなどのポータルサイト、またiPhone版・アンドロイド版のアプリにも「女総帥・龍羽老師」の占いコーナーをもつ。

著書に、『しあわせを呼ぶお金の運の磨き方』（サンマーク出版）、『宇宙とつながる「陰陽五行」昇運法則』（主婦と生活社）、『“運”をつかむ人の幸せ法則』（三笠書房）などがある。

お金も運もつれてくる 黄金龍《おうごんりゅう》の飼い方・育て方

2018年11月29日　第1版第1刷発行

著　者　龍羽ワタナベ
発行者　後藤淳一
発行所　株式会社ＰＨＰ研究所
東京本部 〒135-8137 江東区豊洲5-6-52
第四制作部人生教養課 ☎03-3520-9614（編集）
普及部 ☎03-3520-9630（販売）
京都本部 〒601-8411 京都市南区西九条北ノ内町11
PHP INTERFACE https://www.php.co.jp/

制作協力
組　版　株式会社PHPエディターズ・グループ
印刷所　株式会社精興社
製本所　株式会社大進堂

 ISBN978-4-569-84195-3